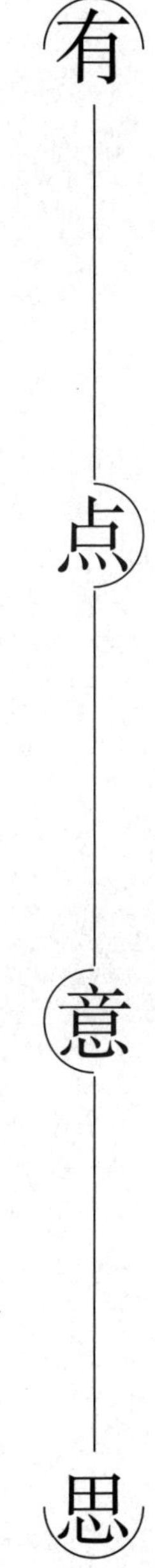
有
点
意
思

第一部电影拍完了，几年的时间，

有些留给岁月，有些留给观众，我也想留一些文字。

算是人生中的一小段记录，留给自己，也留给你。

——黄渤

有点

意思

我的电影日记

黄渤 著

上海社会科学院出版社

目录

念起：

想讲个小故事

如果有一天，
人类面临着灭亡的命运，
个人该怎么选择？

2010 年
2 月 28 日

所谓简单，也就是少欲。然而，最近我像被什么东西戳了一下似的。每天忙完一天的活儿，不自觉地就会东想西想。

我的心里冒出来一个故事。这是一种让人兴奋的感觉。我好像看到了故事里人物的性格、经历和说话的样子。这是我想跟大家讲的故事。

现在开始，如果一切顺利的话，明年就能拍摄完成，后年就可以上映吧。这也许是一个美好的愿望，但是万一实现了呢！

2011 年
2 月 21 日

出了一版故事文本，是一部荒岛喜剧，我有点犹豫。喜剧自然会有喜剧的优势，它有更清晰的受众群体。如果做这个本子，票房也应该会不错。挺有意思的，大家都会开心。

这些年演喜剧深有感触，其实做喜剧很难，能做好喜剧是一件很了不起的事，我也喜欢。可如果只是做成一个简单的情节喜剧，那可能不是我要表达的。我心里的那个故事可以是以喜剧方式呈现，但应该没有那么简单。我不是不喜欢喜剧，而是不喜欢简单重复。

我不想在没有想清楚之前，就拿出两三年的时间去做一个最后被自己认为意义不大的东西。

2012年
6月6日

最近拍戏的状态不错。有带着戏跑的感觉，层出不穷的想法、假设、尝试。越来越有信心。累是累，但动力十足，加油！

2012年
12月9日

又看了3D《2012》，很受震撼。

看完之后很多想法涌现脑海。

如果有一天，人类面临着灭亡的命运，一个互相依靠的小群体如何生存？个人该怎么选择？极端环境其实是一个人性的实验室。此时，所有的道德、法律都会失效，秩序直接崩溃。人们处在生存和死亡的关口。在这种情况下，人们会变成什么样？如果有人始终坚守着信念、秉持着善念，就显得了不起。泰坦尼克号沉没之时，有人坚持“老人、孩子、妇女先走”，这就是伟大和高尚。因为他们克服了死亡的恐惧，把他人生命置于自己的安危之上。

但如果秩序崩溃后，人们获得机会面临秩序的重建呢？这时候的人类社会，又会发生怎样的变化呢？嗯，感觉有点意思，我很喜欢这种主题的表达。

其实这个故事我想来想去，不就是《2012》电影延续之后吗？我说这个故事要不就叫《2012 后》吧。徐峥特别“负责任”地说他看行，让我“赶紧写吧”。

我就赶紧写吧！

2013 年 1 月 1 日

最近导演的短片上线了。偶尔转换一下身份，做做导演，还不错。

2013 年 1 月 20 日

还是对《2012》这类主题很感兴趣。

每个人都会有恐惧的事，有人担心孤独终老，有人担心丢掉工作，有人担心变老变胖，这也是我担心的，而我最怕的是时间一天一天过去，抽水马桶似的，每天一按，

“哗啦”一下过去。这样的日子最是恐怖。苦点、累点都没关系，明天不知道干什么最让人发慌。

我喜欢这种探索明天去哪儿的题材，也想弄明白，如果有变化发生，我们明天会怎样？

《2012后》的故事还拖着，没有任何进展，心里有一点焦急。

2013年
2月1日

故事越来越具象，经常会想到一些新的东西。当面对死亡、生存困境、权力之争，大家会怎样？如果一群人遭遇“世界末日”，又被扔到一个与世隔绝的小岛上。在小岛上开始这个故事，这些人会怎样？爱情、友情、伦理、阶级、善恶……《迷失》？应该不是。《迷失》的那个故事，应该不是我想要的。

但我始终下不了笔。

拖，拖……拖！

2013年
2月15日

手搭对了肩膀，往前走的劲儿就会比较大吧。

《西游降魔篇》上映了，对我的角色真是捏一把汗。还好，效果还行。

2013 年
10 月 25 日

肚子里有故事，便逮到人就说。约薛晓路喝茶聊天，我说我有个故事，想拍成电影，你看看怎么样？然后我“巴拉巴拉”给她讲了一大堆，抑制不住表达欲望。谈了心中的故事，脉络、人物、架构，我越讲越兴奋，仿佛电影已经拍好了。但是，她没有立刻反应，迟疑了一会儿说，事情有点大。

事情有点大？

看着她的反应，我知道这事儿不能急，再努力吧。

2013 年
10 月 30 日

为了给这个故事找个伯乐，我也算是上蹿下跳了。宁浩、管虎都被我骚扰了一通。这些年一路走过来，我和他俩彼此之间一个眼神就能懂对方在想什么，他们在我这里既是好朋友，又是我能信赖的导演。如果是由他们来执导，肯定能达到我心中的预期效果。

文一点讲，高山流水遇知音，找他俩准没错。可这“靠谱”的哥俩回复我说，要是手头没那么多自己要拍的故事，铁定拍。得，有这个前提条件，我是不是得等五十年啊。

2014 年

5 月 7 日

最近在拍《亲爱的》。这个故事很残忍，人物心理很复杂。我想，要演好他，不能靠“演”，不能玩什么技术，要的不是出彩，而是尽量靠近，尽量还原。

2014 年

6 月 9 日

《亲爱的》拍摄结束了，这戏对我来说有点难，因为角色有很大的情绪，而我很少演需要这么大情绪的戏。这是一件很累，也有点痛苦的事情。对我来说，是一个挑战。演员，在表演的过程中，可以使用技术，也可以运用情感。当我情感投入过多时，我无法对自己做出判断。你究竟演得怎么样？我不知道。但是看监视器的时候，自己有点情不自禁，想落泪。正应了那句，理性可以计算，感性不可计算。

忙碌等于盲目，天天忙于事务性的工作，就像头扎在一堆沙子里，慢慢就把自己埋没了。

一直忙，似乎忙得连生活的时间都没有。生活所有的空隙都被工作填满了。流水线一样的工作，来一个干一个，没有空闲的时间思考、分析、判断。这样的节奏不适合文艺工作者，这是脑力与创造力的透支，缺乏了酝酿与发酵。艺术是闲出来的，不是忙出来的，忙出来的只有活儿。

2014 年
6 月 16 日

在拍《亲爱的》时，我就跟陈可辛导演提过这个故事。在拍完以后不久，有天跟他完整地讲了这个故事，也已经在心里做好接受打击的准备。结果陈导说："这个故事很好啊，你就拍啊。"我说，这还早呢。他说："我觉得很完整了，调整一下写出来就可以拍了。"我内心只有一个字：啊？

大导演就是有底气，可是那些都来自他们多年的实际经验。对大导演来说的一步之遥，对我来说却有千百里的距离。

2014 年
10 月 2 日

《亲爱的》《心花路放》《痞子英雄 2》先后上映了。这段时间真是拍戏拍得有点饱。我想休息一下，重新整理一下思绪。

曾经对满天的星星充满好奇，想把每一颗都摘下来，可现在，觉得安静地待在下面，只是抬头看看，就挺好。

2014 年
10 月 5 日

演员这个职业跟生活很像，就像突然喝醉了酒，进入一个房间，换一个房间又进入，可能是服务生叫你过来的，也可能是哪个人给了你新本子，到最后发现换了一个又一个房间，生活还是那条长廊。见过各种戴面具的人，最后还是要回到自己的生活。

休息的这段时间，才知道以前遗落了多少小幸福和小美好。终于有时间和心思去看看那些躺在仓库里的小东西，把玩一下。生活的味道，有时候需要你走得慢一点才能品尝。

想想之前，每天拍戏，从不停歇，忙忙碌碌，不知为什么，其实是弄反了。工作，是为了更好的生活，人不是机器，也不能把自己当成机器。要善用自己，即便这是我热爱的事业，我也要学会生活。人要有自己的节奏。要重新找到能让自己“嗨”起来的东西，哪怕需要面对可能的失败，也是有意思的。

没有沉淀的人生是可怕的。没有反思、没有快乐、没有对生活的直观体验，其实从长时间角度来讲，也是不利于创作的。

2014 年
10 月 6 日

虽然疲惫，但有时候，你也会遇上一直重复却一直保持激情的事情。啰嗦，不停地啰嗦。那是因为内心有火焰。讲了无数遍，可每一遍都还是让我很兴奋。每次讲，都会有新的东西出来。在重复中，它似乎在完善。如果让我计算生平说过的最多的重复的话是什么，大概就是这个故事了。联系了许多导演，听取了许多意见。也渐渐感受和理解了导演其实是一个表达者，他内心的变化一定会渗透到他的作品里面。每个导演都有自己的风格，每个故事也都有自己的气质。找到合适的导演并不容易。

突然冒出一个念头，也许由自己来执导，是最好的选择。

附	2010–2014 年 黄渤工作日程节选

2010 年 5 月	拍摄《假装情侣》
2011 年 3 月	拍摄《杀生》
2011 年 6 月	拍摄《民兵葛二蛋》
2011 年 9 月	拍摄《西游降魔篇》
2011 年 12 月	拍摄《痞子英雄之全面开战》
2012 年 1 月	拍摄《厨子戏子痞子》
2012 年 4 月	拍摄《人再囧途之泰囧》
2012 年 6 月	拍摄《101 次求婚》
2012 年 9 月	话剧《活着》第一轮演出
2013 年 3 月	拍摄《青岛往事》
2013 年 8 月	话剧《活着》第二轮演出
2013 年 9 月	拍摄《痞子英雄之黎明升起》
2013 年 10 月	拍摄《心花路放》
2014 年 1 月	参加马年央视春晚
2014 年 2 月	话剧《活着》德国演出
2014 年 3 月	拍摄《锋刃》
2014 年 5 月	拍摄《亲爱的》
2014 年 8 月	拍摄《鬼吹灯之寻龙诀》

剧本：

当故事落在纸上

黄渤，你就是个魔鬼，
你太折磨人了。
好端端多少故事可以写，
你非写这个。

2014 年 11 月 1 日

任何事情停留在想象阶段的时候，都可以完美无缺、随意发挥。一旦真的落实下来，就会发现实施的困难。面对空白稿纸，究竟要写一个怎样的故事？这跟故事停留在口述阶段时有了很大不同。

该由何处写起，写谁的故事，故事中人与人是怎样的一种关系，这个故事该往什么方向推进，情节与情节之间该如何衔接？

最重要的是，你想要的是什么，这个你想要的东西要通过什么形式表达？

我突然不知该如何入手。

2015 年 1 月 9 日

我常常会设想，如果真的有世界末日，对于我们来说，最重要的是什么？人在生命的最后时刻，会做出怎样的选择？比如灾难大片《2012》。玛雅人的预言即将实现，人类即将灭亡，唯有诺亚方舟方能将人解救。人性经历各种考验，在生死攸关的时刻，仅存的人们用互爱和对生命的尊重渡过了难关。

如果在这个情境下，一对激情中的男女，在世界末日来临的时候，他们一起漂流到荒岛之上，生存都面临考验了，爱情还会大过天吗？他们会做出怎样的选择？经历怎样的洗礼？当一切真的毁灭，人们还有没有开始破碎重建的可能？当过去的生活化为泡影，曾经存在的是真实还是虚幻？

先想到，才能做到。现在，问题很大啊。

2015 年 2 月 12 日

如果问小岛故事里我最喜欢的人是谁，那显而易见是司机小王了。他是底层出身，退伍兵的身份，就开个车，没什么钱，但挺快乐。平时看不出太多本事和个性，但是生存能力很强，到了特定的情境下，比如荒岛，可以带领大家求生。

而且从身份上讲，他毕竟是劳动人民出身，很亲切，也很有代表性。

如果用一条主线的方式来讲故事的话，小王应该是最合适的主线人选了。

2015 年

3 月 9 日

今天经大家开会讨论，以司机小王做主线的叙事方式被一致批判了。小王整个人物的力量和可能性还是有很大的局限。更合适的应该是找个中间层做主线，他的身份“上”也能够到，“下”也能够到，更有代表性。而老潘那个角色，太容易物欲外化，如果用他做主角，故事就太浅了。只有最上层和最底层的人物层级构不成一个完整的社会结构，需要有更具代表性的中间层，这样故事才会更有说服力。也是，社会结构不就是这样的嘛，金字塔还分很多层呢，怎么可能只有上和下。考虑不周，考虑不周。

处于中间层的人，会更具有戏剧张力。因为他努力一把，可能会改变自身生活命运，变得强大；或者有什么变故，突然就会遇到很大的生存困难，跌至谷底。比“上”，他没有那么多的资源；比“下”，他抗击风险的能力又会好得多。因此，他身上会有更多的故事和戏剧张力。他可以寻找机会改变自己的命运，也可能彻底被命运打败而一蹶不振。总而言之，处于中间层的主角会有更大的表现空间。看来我们的主角真的应该变一变。

2015 年
3 月 10 日

故事的叙述角度和节奏，将会决定整部电影的成败。

前些天设计的主线叙述的方式被推翻了，大家建议用三段式叙述方式试试。三段式叙述的好处，可能就是分配到每个人的戏份差不多，有利于展现人物性格。三段式的难点，就是每段都要变更叙述者，观影体验会被割裂。

今天尝试着把之前一条主线的模式往三段式去转。观众能接受得了吗？电影毕竟不是文学。不管了，先试试吧。

虽然反复的修改让人疲惫，但正是这样的过程，让我知道自己在走。想想每天都在朝着目标靠近一点，我就有动力。

2015 年
7 月 1 日

今天接到个电话。张冀和崔斯韦打来的。两位编剧说项目太难，往下趟不动了，他们就不过来了，还是做个外援，出个主意，具体本子他们就不参与了。

是的，故事架构太大，人物众多，需要消耗大量的人力、脑力；我的要求也多，编剧感到有难度，可以理解。说实在的，我有点沮丧。自从有了表达这个故事的初衷，就注定这不是一件能轻易完成的事情。我现在需要的是什么？需要的是坚持。我需要感谢的是什么？是一排还没有被咬碎的后槽牙。命运是什么？是你一直不断地往前走，你喜欢一个东西，它对你有吸引力，你便一直为之努力，为之不懈地使劲儿。你使着劲儿，才能走在这条路上，才能碰到命运里那根幸运的小指针。

当你面对困难时，你会想到什么？你会怎么做？

写剧本的难度完全出乎我的意料。脑海里只有两个词在来回打转，一个是“剧本”，一个是“太累”。一直以来，我都很幸运。但是，要感谢幸运却不能依赖幸运。幸运这件事，归根到底，还要看你自身的参与度。别把结果当成唯一的标准，用心享受和推进“在路上”这个过程才是最好的。

2016 年
4 月 20 日

《记忆大师》剧组来泰国拍摄。泰国是个好地方，美景美食，可以避开所有的熟人杂事，在拍戏之余纯粹地创作。我的状态也好了很多。之前剧本一直走不通，在泰国这样轻松的环境，我想换个思路试试。我请邢爱娜来到泰国，聊了很多。也不知是心情的原因还是环境的原因，沟通似乎很顺畅，新的一稿很快就出来了。一位女性编剧，果然有一些不一样的视角。但是这个方向是我想要的吗？我不确定，还得再想想。

2016年
8月5日

每个人都有自己的性格标签。这是别人认识你的显著标识。

“我是个处女座”，过去这只是一句话，今天已经变成了一个让大家可以瞬间意会的符号。似乎追求完美、吹毛求疵和反复纠结，已经成了我摆脱不了的宿命，折磨着我，也同样折磨着别人。

今天我又拉着豆包和斐然到马场聊剧本，这是又一次剧本集中会的第四天。因为马场比较偏远，聊到兴头上，我说就住这里吧，反正明天还要来，别来回折腾了。结果他俩慌里慌张地说“不不不，我们能打到车”，然后连滚带爬地跑了。这一幕，仿佛是现实版恐怖片再现。他们不想二十四小时都看见我，我知道。

想起 Maggie 说我的一段话，她说：“每次剧本会你一开红酒，其他人就紧张，你知道吗？因为你会停不下来，太兴奋，千奇百怪的想法不断迸发，而且你还总是在半夜十二点开红酒，这个点你一开酒，大家都会知道今天的工作结束时间不会早于凌晨四点。”

处女座—工作狂—强迫症，这是我的标签吧。

2016 年
11 月 24 日

写剧本，有时候就是自己给自己下套，再想办法解套的过程。

很惊喜，编剧老师们又回来了，他们并没有放弃。

今天的主题叫“张冀的愤怒”。剧本又到了无法推进的状态，如果用一个词来形容我的状态，那就是心急如焚。于是我跟编剧们说，剧本没有推进，咱们得闭关。

这已经不是第一次闭关了，我跟大家约定不想出来剧情不出关。张冀老师说：“黄渤，你就是个魔鬼，你太折磨人了。好端端多少故事可以写，你非写这个。”

是啊，我为嘛非写这个？文学创作原本就是主观的东西，所以才有那么多的流派和观点。每部电影、每部小说都是人们想法的表达。你怎样认识这个世界，你通过什么方式理解它，你如何化解这种冲突，在这种冲突中如何生存……

在这个故事里，我看到无数的我。

有人说好莱坞故事有很多模板可以嵌套，但我想问，如果有两百个模板，在已经有一百九十九个模板的时候，第二百个模板是怎样被创造出来的呢？我当然可以遵循一些规律，但我还是想要尝试，想要一些有创造性的东西。

2016 年

11 月 25 日

感觉此刻的创作就像是一口深井，井口被厚重的东西覆盖，我们一群人坐在里面，等待着井口的重物被揭开，透进一丝天光。由那丝天光指引，找到我们的灵感，离开创作的深井，走向光亮的世界、广袤的世界，最终可以去呼吸新鲜的空气。

咦，一股马粪味，一群“深井冰”。

今天的剧本会阵容很庞大，张冀、郭俊立、查慕春几大编剧都在。发生了一件好玩儿的事。

剧本在紧张的创作过程中，大家聚到一起开会，又一场头脑风暴。张冀老师讲得很兴奋，讲得很开，整个状态也很投入，最后动情地说：“终于要冲破死胡同了！”突然豆包的手机 siri 响了：“请你再说一次。”

现场大家狂笑，张冀暴走。

真的很感恩。这个剧本可以说是国内一线编剧云集了，他们个个都担当过大戏的编剧。我也要承认自己是幸运的。

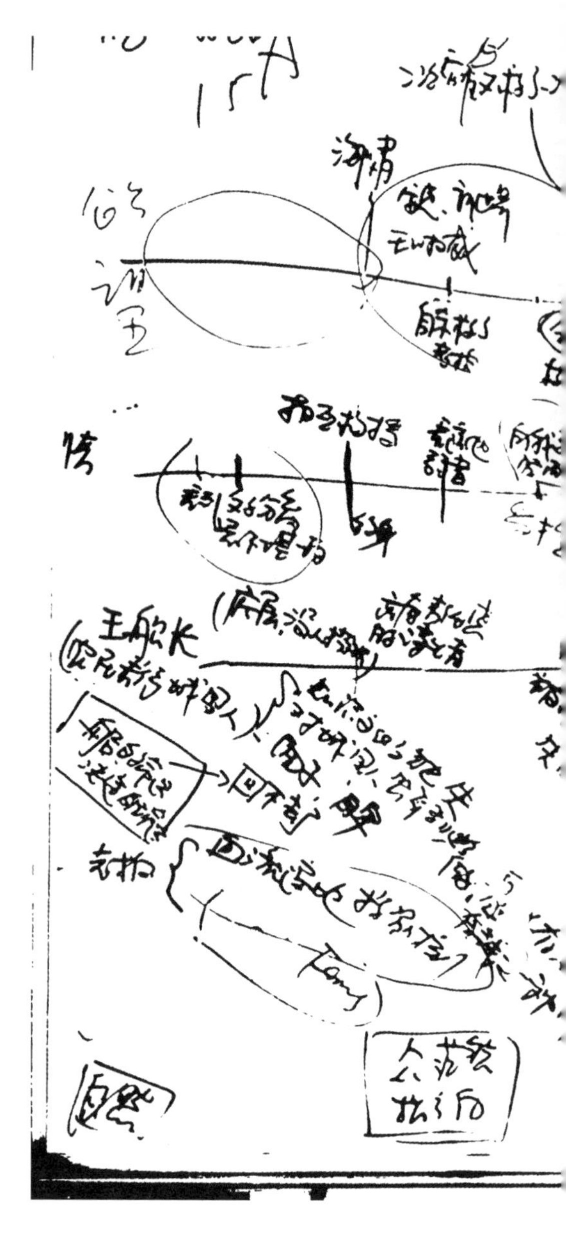

“精神分裂”的剧本讨论现场

分裂（ [illegible]

31—(40)

[illegible]

七高家

[illegible]

1. 投机心理
"赌"
急功近利
自私自利

2. 爱情观
成功⇒爱情

剧本故事线草图

曲

60′

马进
36岁生日

马进看世界　马进	马进输　拯救大家　回

陆
放弃出走
得到个人欲望
满足现状

走
回西装自尊
叫醒大家

自然
成长

世界　通病小王　破裂　未战老板　悔悟

坑　电影院　结婚　拆　赌楼　真相

数　欺骗　破裂　真实

挫　加错　伤害后爱上　挽救　假

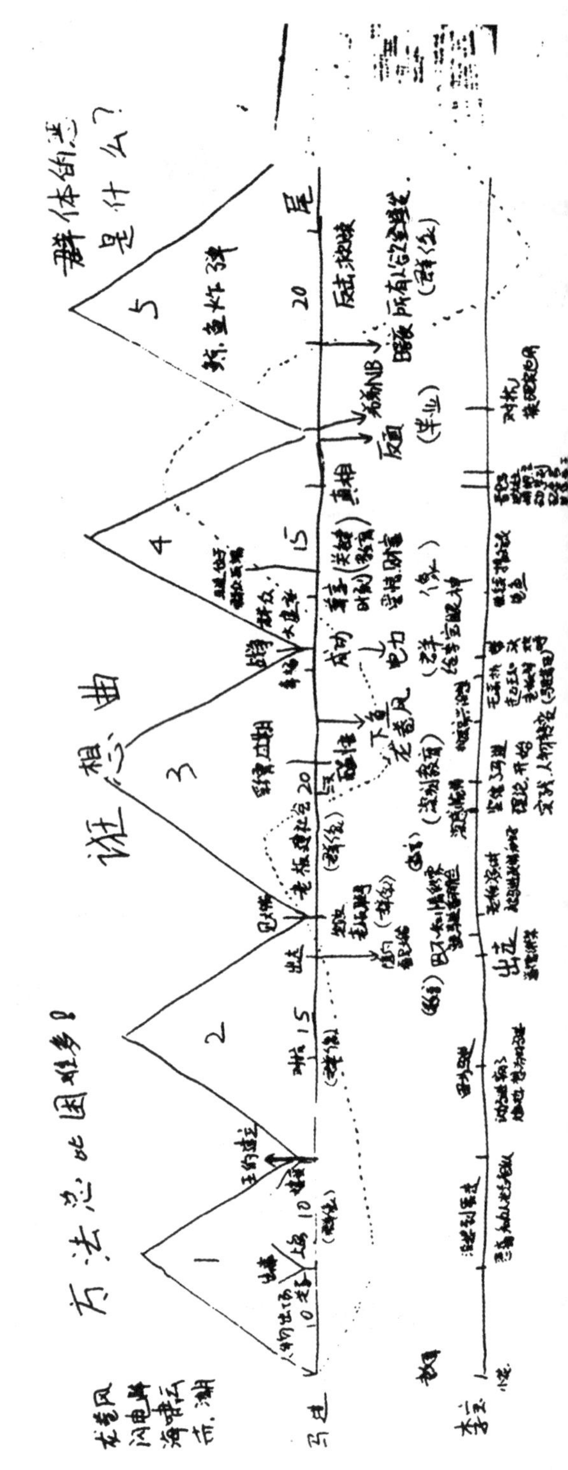

剧本故事线初版

同情马进　　郝小天 从来的天　　生存 趋所难　　　　救 手机 表白　　　　↓ 何大打破

李宝：总想说话表达想法但不受重视，从没人听
前期看似没主见，容易自我否定接受
马进的看法。

小花的微信　诚实、善良、真情

群体的欲望是什么
① 每个个体的小心思
② 潘主任
③ 为了鱼等食物丧失尊严，
④ 每个人为争取自己的地位
和利益不惜出卖朋友

致马进于死地的根本原因
(1) 要回现实世界，要回全部的钱
(2) 将万恶推归于马进，种种报复
(1) 马进发现朋友的汉奸 (2) 最早提出用信换食物的人
(3) 推进洞里的人们 (4) 同样早发现珊珊的人

结局可能为何
① 自我毁灭的目的
如何能救大家
② 所有人要救李宝，马进带动
③ 王修好的冒险路
④ 掉进洞里的人。　毒桶
⑤ 鲸鱼炸弹

① 众人对末日怀疑一认定
害怕、慌乱、不接受
老板受伤，王夫做住院，马进珊珊互动（做遗书）
手机的信号，探索环境，末日争论

2) 痛哭 愤怒
王带食物返回告知情况，老板对王发泄
马进与王的冲突　末日争论
3) 采摘绝望（出现笑声）细价接受
王带人找食物，确认是大事件
老板与王矛盾（不干涉），更加确认末日
马进再看手机彩票，反对末日说法
小王分配工作收集物品，确立领导地位

1. 老板所展的领导呈现
2. 小王的本能照顾
对冒险的担忧
对游客负责任
生存技能的展现

3 马进
初期迷茫
寄希望于王
对于环境，众人的绝望

② 马进
发出求救信号，被小王处罚
想去失手破坏落鸭……
鼓动大家离开
带李宝一起逃一失败
与珊珊交流　变成笑话

小王
生产发展，劳动场面，部队化管理
体罚，社会发生倒置 → 老板
王权　腐败
马进与老板联手

③ 马进
发现大船，随老板离开
老板不走，抛弃马进
马进又独自再次负债
与珊珊的美好时刻
彩票过期，醒悟是成功
交易、积累，暗自准备
修复电力，挑起战争发表演说

老板与小王的对抗，发牌交易，毒桶战争

赌
打牌

2016 年
11 月 26 日

憋在这个马场，人都要疯了。

今天张冀继续在那讲故事，讲到主人公马进时，一时兴奋，出口成“脏”，说“我操你妈 X 的”。突然，电话响了，他接了一个电话，完了问大家，他说到哪儿了。豆包生怕打扰了张冀的创作思路，声情并茂地重复了一遍：“我操你妈 X 的。”

张冀愣了，一下子把手里的笔一摔，说：“妈的，这活儿没法干了，被一个晚辈后生骂成这样。”

现场其他编剧都说：“豆包，你牛！你敢骂张冀。”

生活其实远比电影有趣得多。场面真的是相当滑稽。一连两天发生这样有趣的事，豆包的回答让大伙儿一下子从紧张的工作中抽离出来，笑了足足十分钟。编剧是个苦活儿，尤其是现在，我们整个团队的创作遇到了瓶颈，感觉在短时间内很难突破。越是冥思苦想，就越像是被囚禁了。

而生活本身就是故事。就像此刻的我们，好像在演一部关于写不出剧本的编剧的电影。意外的小事件，是电影里面的闪光点。感谢生活，感恩，我们的生活这样真实鲜活。

2017 年
2 月 24 日

凌晨四点四十四分，豆包说："那这就是最终版本了，导演？"

最终版本？希望吧。拍摄中也许还会有修改，但就目前看，它是离目标最接近的一版了。

选角：

平行世界里的那些人

我们角色的选定，
是不能再好的好。

2016 年

8 月 15 日

今天开始海选演员了，这可是个大工程。因为这部电影中，没有所谓的群众演员，我们需要的都是有足够的表演经验、表现力和控制力的成熟演员。我要讲的故事算是一个社会缩影，所以需要多样的角色类型，又要符合剧中的角色要求，这样的演员不太好找，看来这是一场硬仗。

2016 年

10 月 17 日

每个人在少年时都喜欢过几个女孩。无论多少年过去，都会依然记得当时那种心动和想要为之拼命、献上所有的感觉。对她，哪怕是远远看着，都会觉得幸福。

故事里的马进，也是这样设定的。他从不觉得姗姗哪里有什么不好，不好的只是他自己还不够好，没有更多的物质财富可以给她，没有让她有走进更好人生的可能，所以他一直守望。这样一个女生，她应该是什么样子的呢？

我想要一个女神的形象，她是男主的梦。

2016 年 11 月 1 日

这不是一部爱情戏，但是爱情在这部戏中又起着关键性的决定作用。那么，什么样的演员能在有限的表现空间内快速抓住观众，使观众迅速相信这种感情的确立？这是一个看似简单又特别难以完成的角色。要想成功演绎这个角色，除了成熟的技术，演员的自身魅力也很重要。我很了解舒淇和她的各种作品，以及大众对她的外型认知，她是一名成熟的女演员，自带女神光环，美丽又有性格，跟我默契程度又是满分。

从这些角度看，她都是再适合不过了。

去找她。

2016 年 11 月 10 日

宝强我认识很多年了，是朋友，也合作过几次，他是一个非常踏实和本色的演员，有鲜明的风格和极强的辨识度。我之前跟他说我要拍个戏，他就说他一定要来。

果然，今天给宝强打电话过去，宝强说："渤哥你放心，一定来。"

真是感谢信任。感谢。

那么，宝强演堂弟宝儿还是司机小王？到底是谁呢？这两个角色他都非常适合。第一个爽快答应我的演员，让我自己纠结了起来。

宝强身上有一种蓬勃的生命力和未经雕琢的真实，看似不经意的自然表现，其实有巨大的表现力和控制力在身体里面作支撑，他是目前众多小王人选中最合适的。而且我跟宝强聊过剧本，他似乎对小王这个角色更加认可。

那么，答案似乎很清晰了。

再说了，我的堂弟怎么样颜值也得和我相当吧，还是让小王去演小王吧。哈哈。

2016 年
11 月 16 日

当所有人都掉进世界已毁的梦，只有马进清醒。当然，这个清醒并非真正的清醒，而是被外界强大的欲望吊着的清醒。六千万的中奖讯息，让他无论如何都融入不了当下的环境。他不可能像其他人那样，轻易地放弃梦想已久的改变命运的机会。没有人相信他，没有人跟他一起，只有他的堂弟。他的堂弟是一个复杂的角色。从入世之初，马进一路带着他，所以还是懵懂少年的他很感谢马进的照拂。到了岛上，马进为了六千万的彩票几乎陷入癫狂，堂弟尽管对还能回去已经不是那么有信心，却仍然跟着他。一路有亲情的牵扯，也有欲望的膨胀。当懵懂少年初次接触成功和权力，一下子难以自控，不谙世事的小伙儿变成了欲望的延续，他是一张白纸，被马进涂抹染色。

这个角色变化前后跨度非常大，从年龄需求上又必须是年轻演员，是一个非常有挑战性的角色。

选角会上写了满满一白板的名字，年轻演员、成熟演员考虑了一大圈。这么难把握的一个角色，难道要损失年龄感去找成熟演员吗？

找谁好呢？真头疼。

2016 年
11 月 22 日

今天和舒淇碰面，舒淇说："张艺兴你为什么不考虑？你们之前还拍过《极限挑战》，我看蛮适合这个角色。"我说我心里犯嘀咕啊，他不是一个职业演员，这个角色后边的戏都挺重的，最后的力量都在那儿。但舒淇接下来的话触动了我，她说对于年轻演员来说，除了形象贴不贴合角色、演技好不好之外，戏能不能出来跟导演也有很大的关系。这对我来说是个蛮大的挑战，这个角色难度很大，对演员的爆发力和对角色的完成度有着很高的要求。所以，与其说是对这个角色演员的挑战，不如说是对我自己更大的挑战。

艺兴在观众心里的“小绵羊”形象、不谙世事的形象其实和角色前期形象挺搭的。录《极限挑战》时，相信很多人都跟我一样感受到，他内心纯真，人也聪明。所以他与角色前期的契合度非常高，这点毋庸置疑。只是角色后面部分的反差非常大，当然，这些年他也一直在变化、进步，应该可以完成角色。嗯，让我再想想，再想想。

2016 年
11 月 30 日

经过三个月的海选，选角团队陆陆续续给我看了一些演员的资料，有一些基本符合我的要求，但是数量上还是有很大差距。在我的戏中需要二十二个这样的角色。

2016 年
12 月 6 日

于和伟。在《泰囧》的时候徐峥就想找他演我后来演的那个角色，因为档期原因没合作成，但是那时候我就注意到他很出色。后来也留意过，尤其是他扎实的表演功力和自身气质与所演绎的人物的贴合感，那种扎实的程度，真是我们片中“老板”这个角色的不二人选。

2016年
12月9日

今天请了刘天池老师和我一起面试和判断初步海选出来的五十名演员。我们想做的是一个全方位的考察，除了表演这些基础项之外，还包括心理训练，吐露自己的心声、价值观等，甚至是一些比较残酷的训练，比如面对面公开的淘汰，把演员分成两组，每组选一个人淘汰。做这个规则设计的时候，我想到我参加《极限挑战》的感受，即便那是一个游戏，我仍然忍不住会有一些真情实感流露出来。而这次不是游戏，淘汰就是淘汰，留下就是留下。通过这个过程能观察到很多真实的东西，表演之外的东西，比如坚持、毅力等人性本身，这些都是我在角色选择过程中要考量的。

2016年
12月25日

选角导演今天跟我说，上次选出的三十名演员最近在集中进行拓展训练。我们要从三十名演员中最终选出二十二名。演员的训练在进展中，整体进行得还不错。我们挑了各种性格的人，知性的、感性的、开朗的、闷一点的……都有。前期主要是让大家相互熟悉，因为戏里面的人都是一个公司的同事，需要互相很熟悉。长年累月朝夕相处产生的那种磁场，很微妙。虽然演技可以解决许多问题，但实际操作起来，熟跟不熟仍然是两种状态，一定要相互了解。作为演员，我也常常提醒自己，技巧再少一点，能不能再走近生活一点，再多一些真实。

2016 年
12 月 30 日

今天二十二个演员终于定下来了。他们都是专业演员，绝大部分在其他作品里出演过重要的角色，为了上这部戏也是经过了残酷的训练和选拔，我相信选出来的这些伙伴能够演绎出我心里想要的东西。

2017 年
1 月 11 日

今天和李勤勤签了合约。李勤勤说从来没有没看过剧本就签合同的。

经她这么一说，我一想还真是，联系了这么多演员，哪止勤勤姐没看过，迅哥、于和伟也都没给他们看过剧本，全是听我一通手舞足蹈的描述，真的是感谢大家的信任！好演员非常难得，好巧他们都是。

我演过勤勤姐的儿子，了解她的功底。迅哥从《疯狂的石头》到现在，我对他的了解更是不用说。他是一位创作型的演员，可以用自己的演绎给角色加分，我也希望他在后面剧本创作的时候可以帮我一把。其实，像史教授、老潘、齐姐这些角色，是决定影片调性的人物，角色不是绝对的主线，但是介于其他人物和主线人物之间，就像三根定海神针，扎实的功力和极强表现力是成功的前提。目前来看，我们角色的选定是不能再好的好。

大家调侃我平时攒了那么多人品，都用在这上面了。

感恩！但是，还差一位史教授。

2017 年
1 月 29 日

每天面对墙上堂弟角色备选演员的照片，越想越觉得这个角色应该就是艺兴。其实在我心里，已经做了决定了。我一直没跟他联系，他那么忙会有时间来吗？一个当红小生，那么多的机会围绕着他，会拿出这么多时间来投入吗？我不确定。

离开机时间越来越近，我必须做个决断。今天我跟他通电话说了我的故事，邀请他来演绎堂弟的角色，堂弟的名字就叫小兴。他没有立马答应，跟我说需要考虑一下是做专辑还是来演戏。我跟他说，一天之内就得给我答复。

这是我用的一个小技巧。没办法，谁让张艺兴这么认真，有了这句话，他一定会一天之内给我答复。哈哈。

2017 年
1 月 30 日

艺兴给了答复，OK。嘿嘿，宝儿的名字终于可以正式改名叫小兴了。

2017 年
3 月 15 日

开机已经半个月了，最后一个重要的角色老史，终于定下来了，由李又麟老师来出演。

如果要用语言来形容我这段时间的感受，那一定不是一句话两句话的事。从一个演员到一个导演，从被选到去选别人，这种感觉很不一样。虽然演员的工作也并不容易，但某种意义上讲，定了角色之后，我就可以做甩手掌柜，我只需要投入到我的角色里，变成我要演的那个人。而做导演，我得把控整个创作，决定所有角色由谁来饰演，思考演员和演员之间要怎么搭配，事无巨细都得考虑。

演员名单就一张纸，但是每个名字你都得自己选择。这对一个处女座重症纠结者来说，太不容易了。

附　演员表

角色	演员	角色	演员
马进	黄渤	文娟	郝文婷
姗姗	舒淇	李冬	李栋
小王	王宝强	大秋	孙仲秋
小兴	张艺兴	李超	马超
张总	于和伟	瑞秋	李思睿
老潘	王迅	紫云	袁子芸
齐姐	李勤勤	美佳	魏嘉镁
老史	李又麟	小敏	刘敏
老余	张磊	美君	查美竹
露西	杨凯迪	戴维	吴洲凯
杨洪	房晓航	大雷	李雷雷
赵天龙	刘彦卿	赵宇	赵禹杰
孟辉	孟宇	董明	王尊
王宏	王俏	龙威	刘威龙
王亮	董亮	杨朔	冯朔

平行世界的人们

美术：

人靠衣装 马靠鞍

有一个好的美术设计，
对电影来说无比重要。

2016 年

3 月 26 日

电影的美术设计是电影的衣服，“人靠衣装马靠鞍”，有一个好的美术设计，对电影来说无比重要。但美术设计不但要与剧情相适应，还要有鲜明的美学特性，是一件不容易的事情。电影美术设计的人选是重中之重。这两天我一直在思索电影的美术设计，心中也浮现出一个名字：林木。

林木是目前中国电影美术界的大美术了，多年前一起合作了《杀生》，此外我俩前前后后也合作过好几部片子。他的美学表现力以及美学宽度，我很欣赏。林木是一个能根据电影的特点，为电影创造恰如其分精妙语境的大美术。Maggie 催我快点定美术，毕竟后续的一系列的事情都是需要美术参与的。

不过，最近林木好像要接管虎的戏，他能不能答应我，我心里一点底都没有。为了说服林木接我的戏，我做足了功课，写了整整一张纸的理由。电话接通，我就先跟林木讲我的故事，讲我的构想，林木也时不时有回应，说一两句“这个好啊”或者“那我觉得这个不行”之类的，打电话的过程中我一直在注意林木的语气，感觉林木的语气也不是那么肯定，似乎有一些犹豫。横竖要个结果，我直接就问：“怎么着吧？”林木在电话那头答：“那就这样吧。”“那就这样吧，是什么样啊？”我一听心里“咯噔”

一下，开始酝酿我的说辞，结果林木笑了："那我接呀。"得，白白准备一张纸，这一车轱辘的话都得咽回去，人家直接答应了。美术直接敲定，算是个顺利的开始。

美术指导林木和我

选景

我相信缘分，比如眼缘，
你到了一个地方会突然觉得来过，
你见到一个人会觉得莫名的眼熟，
那种莫名的熟悉感，
就是这个缘分。

2016 年
3 月 18 日

打磨了这么久的剧本，我脑海中的主场景也越来越清晰，那一定得是个充满生机和原始感的地方，在画面里呈现出来的是一个岛，但实际上不是一个岛。它应该是一座被水淹没的高山，只露出一点点山尖。这一段时间，整个团队都在做选景的第一步工作，在网上浏览了数十万张图片。选景会已经开了三四次了，按照世界地图，把有图片记录的，是岛不是岛的，知名不知名的，都过了一遍，初步锁定了几个目标。

2016 年
4 月 10 日

今天的收获是加拉帕戈斯群岛。它还有一个名字，叫科隆群岛。这片群岛孤零零地躺在太平洋中，离大陆有千里之远。岛上荒无人烟，是动物与植物的王国。有意思的信息是，1835 年，达尔文曾来到加拉帕戈斯群岛考察，之后提出了著名的进化论。可见这是个灵感之岛。

没有人为的破坏，动植物肆意生长，群岛散发着原始、野性的气息，美得一塌糊涂。我觉得，加拉帕戈斯群岛一定是理想的拍摄地。

2016 年
4 月 15 日

坏消息。经过多方打听，这才知道加拉帕戈斯群岛真的是太原始了。原本以为“荒无人烟”是一个文学修辞，岛上多少还会住着人。可各方打探回来的消息，岛上是真的没有住宿条件！交通只有直升飞机，难道要用直升飞机做每天的通勤工具？不现实，放弃吧。

2016 年
4 月 28 日

团队的日常就是扑在电脑上，对比对比再对比岛屿图片。我一直想找一个一次性解决所有的景的岛。他们都笑我，想法太奢侈，建议我搁置。

屋久岛是今天的发现。看了 BBC 的视频我眼前一亮。上至雪山，下至海滩都特别理想。它是日本最后一块秘境，自然生态特别好，地理样貌变化也特别多，一会儿黄色石头，一会儿黑色礁岩，山顶有积雪，山上覆盖着无际的原始森林。美得让人惊叹。美好本身，就给人提供了特别丰富的想象力。屋久岛位于九州的最南端，因多雨而闻名于世。这里树木葱郁，很有原始森林的气息，与我们故事中原始、蛮荒、深邃、略带狂野的气息颇为契合。

我们立即去打听这个地方是否有人拍过，消息说没有人拍过，但我还是想去看看。

2016 年
5 月 16 日

图片毕竟是图片，实地能否操作，还是要看过才能知道。团队制订了计划，美术和制片就要出发去实地看景了，静待他们的反馈。有点急不可耐的感觉。

2016 年 5 月 21 日

千岛湖，湖中群岛星罗棋布，从地图上看，很符合我们的设定。大大小小那么多岛，总有我们能用的吧。今天，千岛湖那边传来反馈，千岛湖岛是多，整体看确实壮观，但是每个岛进去之后，拍戏的可操作性少之又少，与我们这个戏想要的相去甚远。这样看，千岛湖就不合适了。

2016 年 5 月 22 日

我相信缘分，比如眼缘，你到了一个地方会突然觉得来过，你见到一个人会觉得莫名的眼熟，那种莫名的熟悉感，就是这个缘分。而选定了一个地方，认定它，其实就是通过它的样貌，锁定了它的灵魂。

2016 年 5 月 24 日

Maggie 拜访了一位制片人，没想到一提到屋久岛，这位制作人就说二十年前唯一一部在岛上拍摄的电影是他参与制作的，主角是金城武。他说拍摄时的操作非常难，

眼前一亮的屋久岛

因为屋久岛是世界自然遗产。由于操作困难，一直以来很少有剧组会选择在那里拍摄，自他们之后已经二十年没有电影剧组去过了。但是，他们拍过，就代表有希望呀！

我想试试看，就委托他去问问，有没有可能在岛上再拍。

2016 年

5 月 30 日

无数部影片在海南选过景，其实我对海南抱的期望值不大。这次我们选了文昌旁边的七洲列岛作为重要考察的地点。看景当天传来了非常震撼的视频。当天的风浪非常大，如果我在，我绝对不会让他们上去。虽然有些景符合我的要求，但是根本没法拍。太危险了。

2016 年

6 月 4 日

泰国跑了好几个地方。太美了，美到风光无限，美到已经不符合我的要求。甲米有很多神奇的岛屿，有许多奇形怪状的岛屿，但是每个地方都有沙滩、沙滩、沙滩，海岛标识太过明显。

2016 年

9 月 1 日

屋久岛虽然景色惊艳，但是到底能不能拍并不乐观。那本囊括全世界所有岛的书快被我们翻烂了。新西兰作为备选之地，也去做了考察，今天给了反馈，从现实来说，景与景之间车程太远，不适合剧组活动。我的故事需要一个封闭的小环境，展现出人性或文明的无限可能。新西兰很美，但景与景之间，实在过于分散，更适合拍那些故事背景宏阔的电影，与我的故事不契合。所以，新西兰这个备选地，在我和美术这里，都过不了关。

又否决了新西兰，我觉得我还是得看看一直惦记着的屋久岛。

2016 年

9 月 21 日

收到屋久岛回复！言简意赅，非常美妙的三个字：有可能。

2016 年

11 月 2 日

屋久岛真是一个充满秘密的秘境。里面的每一处场景，都极其吸引人，让人忍不住多走几步。岛上森林深

走走看，里面会更好

幽，白谷河水淙淙，听着鸟鸣声、水流声，思绪会飘得很远，会情不自禁地想，岛上深处会不会有更让人惊艳的景色，就想再走走看，不知不觉，不知道多少公里就这样走下去了。

2016 年

11 月 3 日

今天跟大家一起找主场景。我们走到海边时，一棵树突然出现在我的眼前。当时，我的大脑像是被电流击中似的，有个声音告诉我，它就是故事中的那棵大树！我就说，靠近些再看，再靠近些。不过大树所在的地方很危险，周边并没有路，布满了礁石，景色不可名状。我自己拉着安全绳，整个地方走下来，内心的兴奋越来越难以抑制。越看越惊喜，对的，就是这了，就是它了。

与我的兴奋不同，摄影师和制片已经开始发愁，在这个地方拍摄得从基础的土建开始，这是一个多大的工程啊，该怎么拍啊？

越是艰难的时候，大家越是应该互相给予。我跟大家说，咱们一起想办法吧。

一个灵感一现的念头，一个看似不可能完成的事情，好像就要成为现实了！

击中我的那棵大树

2016 年

11 月 4 日

今天和当地管理人员谈拍摄许可的事情，本来想给自己增加点筹码，就跟负责人说，前些年《泰囧》上映后，中国旅客到清迈旅游的人数暴涨五倍，我们这个电影拍完上映后，肯定会给屋久岛带来不错的旅游效应。

结果，负责人一听，说最怕的就是这样。原来，屋久岛是世界自然遗产，需要保护自然环境，就连苔藓也不可以踩。嗨，早知道就不提《泰囧》的旅游效应了。

拍摄的限制也特别多，一切设备都不能在地上生根，能走的路都是天然形成的土路、石路，你只能铺东西当路。拍个电影，感觉自己跟唐僧似的，过了一关又一关，经历了一难又一难，前面还有九九八十一难。

2016 年

11 月 6 日

屋久岛最美的地方，就是白谷云水峡，也是宫崎骏执导《幽灵公主》的灵感来源。这里雨水充沛，空气湿润，覆盖着茂密的原始森林，巨大的岩石绵延散布，像是人间仙境一样。我心里一直惦记着，想在这里取景拍摄。但想到屋久岛官方的条条框框，心里到底有些担心，恐怕拍摄只是个奢望。

和当地工作人员打听二十年前的拍摄是怎么操作的，答案让人喜忧参半。喜的是能拍，忧的是一次只能上去十人，机器只能手持或肩扛，而且只能在踏出来的一米宽的小路上拍，一步都不能踏出去。其实这也不是路，而是露出来的树木的根茎。踏出这个根茎，除了会踩到人家的自然遗产，还有很大可能沾上旱蚂蟥。

我的妈啊，十个人，只是我的团队的二十分之一！

得，拍电影就得要突破各种困难和挑战。对于我们来说，能拍就是好消息，没有条件创造条件也要拍。

2017 年
2 月 1 日

今天，屋久岛的拍摄许可终于正式通过了。晚上，我特意倒了杯红酒，庆祝一下。万里长征第一步，终于要开始了。

毕竟，岛上的宣传语清清楚楚写着：我们这里一年有四百场雨。

造型

2016 年

5 月 20 日

林木今天给了我几个主要人物造型的设计图，每个人物都有四个阶段的造型：一开始在现实社会中崭新时尚的装束、刚到岛上没多久的、在岛上待了一段时间的，以及最后的和自然融为一体、与野人没什么区别的阶段。人物造型是主题和人物的一部分，至关重要。服装的材质、剪裁、纹理都可以体现人物不同的特质、性格特征和阶段。一个人的发型和妆面以及身上衣服的品牌、色彩、质感、新旧程度都是这个人生活状态的反映。这个人是富还是穷，个性是内向还是活泼，观众都会从服装中窥探一二。

之前和林木讨论的时候，我就说我们几个人物的几次阶段的转换一定要体现出来。张总和老潘原来在现实社会中是上层人物，光鲜亮丽。到岛上产生了反转，原来是底层的司机一度占据着最上层的位置，发展到后来，不起眼的修理工小兴变成了领导层。虽然是被困在小岛上，大家都已经衣衫褴褛，蓬头垢面，但即使都是破衣烂衫，在细节上也是不一样的。不同的身份一定对应着不同的资源，但是又受制于外部的条件，这个标准也会不断变化。看着林木给我的设计图，我觉得我心中的人物形象越来越具象了。

2017 年
2 月 17 日

今天是值得纪念的一天，因为今天所有已定的演员都定完妆了。妆化服装是传达电影情感的媒介，当演员化完妆、穿上戏服，就会感觉这个角色真的从纸上走到了眼前。而在这之前，他们只是一直听我说这个故事，甚至连剧本都没有。试妆也是想让他们变身“野人”，感受一下。

定妆之前，我就估计舒淇妆后得疯，化完妆，舒淇一看镜子，果然疯了，完全不接受自己搞成野人的样子。我安慰她：“你脏脏的也美。反正上了我这条贼船就下不去了，哈哈。”看到舒淇穿着破衣，一头乱发地拍照，我脑海中涌现出很多画面，剧本里那些关于姗姗的片段全都涌现了出来。

舒淇的定妆照片贴在我的定妆照片旁边。突然舒淇大声说：“太胖了，怎么可以这么胖……”冲着我边笑边说。我看着自己圆圆的脸蛋，对着舒淇认真说：“胖吗？我只是想做一个重磅导演。”

马进造型定妆

还有艺兴，真是让我眼前一亮，完全突破自我，完全不一样了，“小鲜肉”张艺兴、“小绵羊”张艺兴都不存在了，眼前只有一个邋邋遢遢的马进的小弟小兴。

主要人物的造型，基本上就定了。

人物造型定妆群像

人物造型定妆群像

2017 年

4 月 4 日

拍电影本身也是一个不断变化、调整和适应的过程。

今天拍一场小兴脸上被人踩了一脚的戏。拍第一条的时候，我就觉得哪里不太对劲。拍完看监视器画面，发现是张艺兴脸上那个鞋印，太复杂了。

又看了一遍监视器的画面，这一段是从小兴被打一直拍到脸上的鞋印。完整的展现过程也是一种呈现方式，但是这样有点太满了，也没有想象空间。其实只要一个鞋印，前面的故事，就会浮现在大家的脑海里。我让工作人员把鞋脱下，直接拿着带有“生鲜”味道的鞋按在了小兴的脸上。一切修饰都不如真实。行了，就是这个鞋印，最简单的这种。

林木调侃说，我抢了他的饭碗。那哪能啊，他是专业的，我是业余的。只是偶尔在一些细节上，需要我们不断的探讨和磨合。只要主旨是相同的，专业和业余也能经常碰出相同的火花。

往小兴脸上按鞋印

2017 年

4 月 6 日

今天拍的第一场戏就是马进伤了，被打了。化妆师给我做伤口的时候，我就问："这掉不了吧？"化妆师说这是酒精油彩，掉不了的。越看越逼真，就突然想恶作剧一下，我带着这个伤口故意从工作人员身边经过，结果他们以为我真的受伤了，大呼小叫起来。虽然最后大家集体"围殴"我，但我对这个伤口真的很满意，完全以假乱真了。我跟造型师说，接下来的伤口都得以这个为标准。大家说我苛刻，但电影美术就是为角色的存在提供可信的视觉效果。所以，一切妆效都要追求真实。

2017 年

4 月 19 日

今天要拍的戏，处于人物造型最邋遢的阶段，胡子跟头发都不是我自己的。早上我一边在做有胡子的妆发，一边就在想，今天的表演需要在情绪设计上有一些起伏，这个层次在表情上要怎么体现呢？这时候，造型师幽幽地说了一句："这个妆如果做幅度比较大的表情，可能每拍一条都要重新补妆。"我说："你在逗我？"每拍一条都要重新补妆，那要怎么拍啊，后面要化这个妆的地方比比皆是，

马进的特效化妆

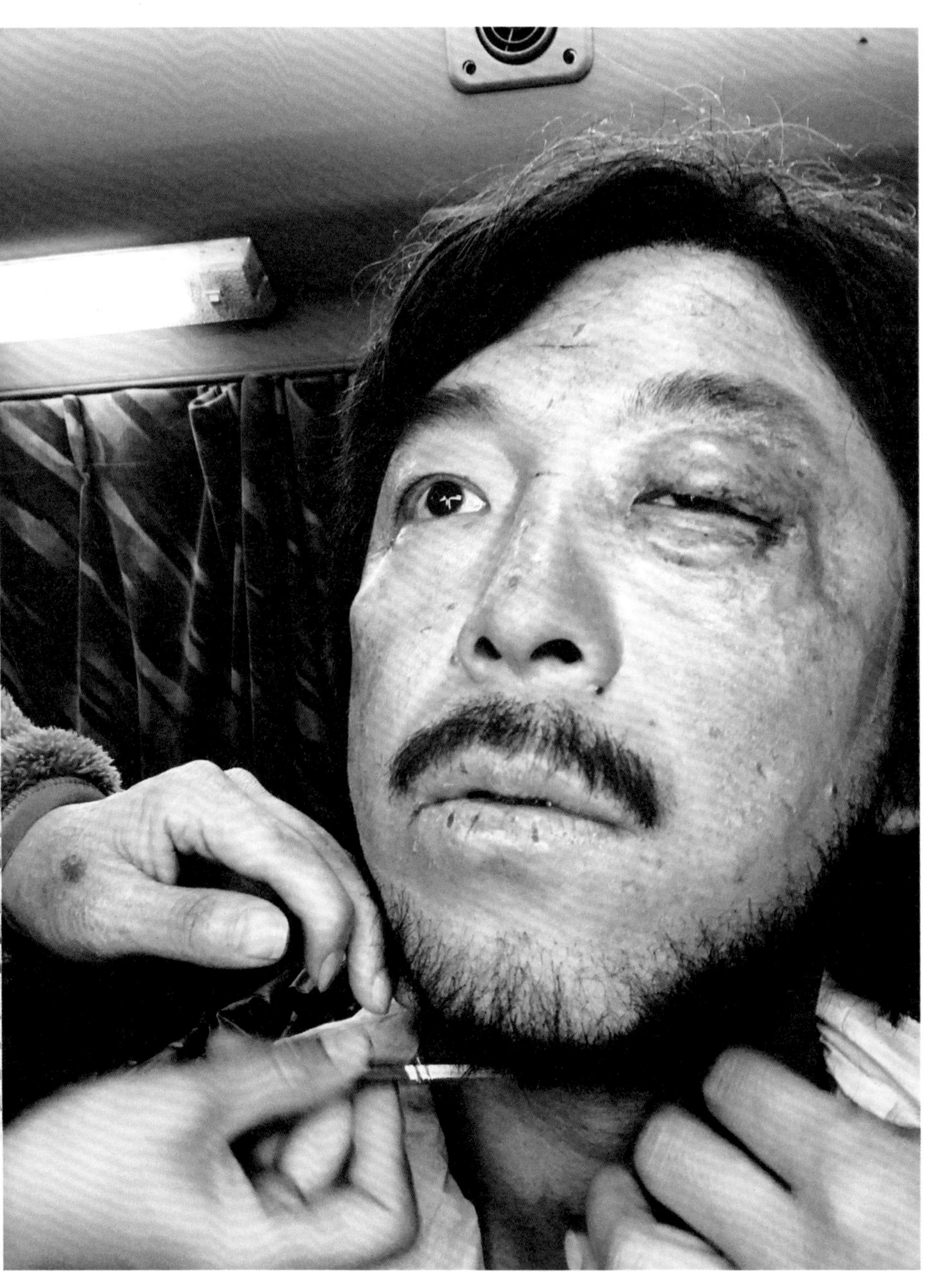

那得占用多少时间啊？我一直追着化妆师问：“真的要一直补妆吗？”化妆师说是的。舒淇还调侃我说：“你可以用一种没有表情的表演，来展现你丰富的情绪。”

拍摄时间紧张，妆面还是要想办法解决。

2017 年
4 月 20 日

昨天那个胡子妆的事情还是没解决，想了想，要么先拍吧，看看做大表情的时候到底会变成什么样儿。在开始拍嘶喊的戏的时候，我就喊了一嗓子，表情幅度一大，直接把假胡子的纱边给扯掉了。试了几次，都还是会穿帮。

真是让人哭笑不得，拍摄之前预想过很多困难，特别大的都想过。真没想到现在被一个胡子妆掣肘，但你又没有办法忽视它，就像你盛装打扮出席晚宴，马上要见到主人了，最关键的时候，裤子扣崩了。虽然就这么一个小扣，但你没办法就这样走向主人。

大家都聚在一起讨论这个妆要怎么解决，林木想出来一个勤能补拙的办法，让化妆师试着一根一根地把胡子粘在褶皱处。虽然耗时巨大，但拍的时候好像好一点。最后多试了几次，效果还不错，这个问题总算是解决了。

准备制作蓝白条服装

2017 年

5 月 3 日

连着几天，通告单都下了“美好生活”这场戏。因为下雨，几天都没拍成。今天终于等到了大晴天。这场戏中人物的衣服是由蓝白条布制成的，是岛上发现的唯一可以遮体的布料。剧中的人物发现了这些布，我们在造型时让每位演员根据自己的角色，把它设计成衣服。而且根据岛上的条件，衣服不能使用针线。这一下反而激发了大家的创作欲，左折右叠，一块块布在大家身上变换出不同的造型。再经过造型师统一调整，效果非常自然、惊艳。结果，所有的衣服都只有演员自己知道该怎么穿，造型师省心了。

我选择蓝白条布的初衷就是想突出群体性和荒诞感。蓝白竖条纹装不是常见的装束，一般只会在医院、监狱等地方出现，有着某种不言自明的潜台词，它的出现可能会给人一种镇静的作用，对于荒诞性的表现，它可能是最好的选择。今天终于看到了效果，跟我想要的非常一致。开心。

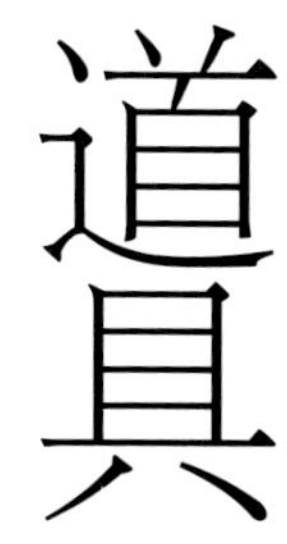

2016 年

12 月 16 日

我们拍摄的地方在一个四面环海的美丽的岛。拍戏需要大量的鱼，鱼是海鱼。因为海鱼离开了海水不能存活，在岸上的氧气池设备里最多活一天，而我们的需求量非常大，所以去跟当地渔业协会沟通，看能不能得到支持。

负责前期筹备的制片部门去寻求当地渔业协会的帮助。一开始我们说要鱼，他们还自信满满地说没问题，但是一听到我们要的数量，会长的表情开始有点严肃。现在快一月了，我们拍摄是在三月，这个季节鱼是非常少的。在不断得知我们的要求细节后，会长原本还算舒展的眉头慢慢地拧成了一个扣，最后摊手说不知道能不能完成，只能打多少算多少。

海边长大的我，需要鱼的时候会没有？不可能！

渔业协会会长表情四连拍

2017 年

3 月 26 日

道具，尤其是跟演员直接发生接触的戏用道具，对于表演塑造来说是至关重要的细节。我们这个戏，大部分道具都得经历一番“磨难”，变成破破烂烂的样子才能出现在镜头里。道具组总是调侃自己的日常就是做旧、做旧、再做旧。谁让我们是荒岛求生呢？我交待他们这些都是会有特写镜头的“演员”，一定要好好伺候这些“大牌”。

艺兴的脸已经被我们的各种妆发给糟蹋得层次分明，今天我觉得艺兴的眼镜上还差点意思。我先是把它擦了擦，又反复看了看，该从哪里下手呢？小兴的眼镜太完整，不像荒岛上破破烂烂的物件，不符合我的要求。剧情发展到这个时候，得有裂痕，应该还有一些缺损，而且这种缺损不应该是一次性造成的那种，而是源自各种因素，风雨、树枝、泥土、外力……总之，它应该是经历了很多、略带“沧桑”与狼狈的样子。终于，经造型组、道具组合力重新加工以后，这个眼镜活起来了。给力。

小兴破损的眼镜

2017 年
4 月 3 日

早上拍一场戏，是马进把他的那张彩票又一次拿出来，抚摸摩挲，这是他的信念和希望。彩票有卷边，有残破，但是总觉得哪里不对。这张彩票很旧，但是还不够旧，像一张新的折腾旧的彩票，而不是自然状态下磨损旧的。跟林木还有道具负责人又讨论了一下，给彩票的边缘做了更深的磨旧。毕竟马进有事没事就拿出来摩挲，又是在这样一个风吹雨淋的环境，旧的程度肯定是难以想象的。道具组又折磨了一番这张彩票，我才觉得这是马进的那张彩票。

下午的时候，造型组和道具组在商量给马进做个鞋，因为到后来，上岛之前穿的那双鞋肯定是不能穿了。创意的火花总是不经意就能蹦出来，道具组想了个法子，把塑料瓶压扁，再绑两条带子，就是一双“荒岛拖鞋”。嘿！你别说，这鞋真是绝了，简直和马进的野人装扮浑然一体。我说：“你们要是被丢在荒岛，这就是发明家啊。”道具假一分，戏就假三分；道具真一分，戏就真三分。这个“塑料瓶拖鞋”，一看就有那种荒岛中就地取材、啥都能用的感觉。

2017 年

4 月 5 日

这些天我跟道具组的日常就是："渤哥，你看这个行吗？""太新了，再旧点。""够旧了吗？""还不够。"……如此反复无数遍。今天道具组又拿来一个做旧的包，这次不用说了，是个荒岛包。

马进丢了一只鞋

摄影：

透过艺术家之眼

无论别人看到的是什么，
摄影师和导演的眼睛里面，
要看到共同的东西。

2016 年 3 月 29 日

说到故事的解读，每个人都会有自己的版本。而电影里面，无论别人看到的是什么，摄影师和导演的眼睛里面，要看到共同的东西。导演的意志，摄影师的眼睛，共同讲述着一个故事。

最近《寻龙诀》拍摄快收尾了，我从摄影师 Jack 身上找到了我们的共同点。他拍摄的呼伦贝尔大草原，有“我手写我心”的感觉。今天拍片结束后我找到他，邀请他来做我电影的摄影。他没直接答应，因为手里接了部戏，不过留了个活话，说那部戏一时不能开拍的话，我这边应该没问题。

2016 年 7 月 15 日

月初，我买了机票，飞到广州找 Jack。我在酒店等他，等着跟他见面。这么多年习惯别人来找我了，突然这么主动求合作，一下子还真有点不适应。导演对我来说是新的挑战，这要求我首先得在做事的方式上转变。

我一向不是一个想要去控制很多事情的人，但是当你有一个清晰的目标时，你剩下的就只有前进。

2016 年
7 月 30 日

电影的本质就是讲故事。

别人是第一次听，但我其实已经重复了无数遍。为了激起大家的兴趣，我每次都讲得手舞足蹈、兴高采烈。我相信即便是同样的故事，也需要不同的传达方式。讲述者的高亢和热情可以大大影响听众的兴趣。同样，听众反应越热情、激烈，说的人也会越起劲。当听众反应淡漠时，说书人也会意兴阑珊。

Jack 来公司开会了，讨论具体的摄影事宜。

我突然有种“春风得意马蹄疾，一日看尽长安花”的畅快。摄影这事儿，定了。

2016 年
8 月 16 日

有人说，世上本无事，庸人自扰之。如果真是这样，就好了。今天突然传来一个消息：Jack 来不了啦，他那部戏开机了。话说到这里，我应该恭喜他们剧组，这是好事情，祝愿大家都顺利。

可是，我怎么办？这是老天爷在考验我吗？

几个月的时光流逝，白白耗了这么久，我得赶紧找新摄影师了。

赶紧的！要快！

2016 年
8 月 31 日

如果用一句话来形容我最近找摄影师的过程，那就是：希望不断地在闪烁。嗯，闪烁，因为没有一个落定的。

我的摄影师，你在哪里？

2016 年
9 月 11 日

眼看着开机时间一推再推，摄影师这事真不能再拖了。我只有斗胆去请李屏宾老师了。李老师是亚洲顶级的摄影大师，之前也跟他聊过故事。但后来没敢打扰，是因为听说他时间排得很满。

我特别钦佩他，虽然是殿堂级的大师，但他最近一直在拍新人导演的戏，尤其支持新导演的处女作。这样说来我也是一名新导演，希望我也有这个机会。

2016 年
9 月 12 日

真是人背起来，喝凉水都会塞牙缝。

刚给李屏宾老师打了电话，李老师直接说："哎呀，晚了一步，我刚签了一部戏。"一听这话，我像是吞了一口冰，凉意从喉咙滑到肚子，整个人都瞬间冷冷的。都快开机了，事不过三，我这都过了 N 了，怎么还没找到我的摄影师呢？

墨菲定律是说如果事情有变坏的可能，不管概率多小，它总是会变坏。找摄影师的过程，简直是在验证墨菲定律的准确性。

2016 年
9 月 25 日

事到如今，只好求兄弟帮忙了。我跟晓飞合作过很多次了，默契度和成熟度都有。很早以前他就跟我说过，我当导演要是不找他当摄影就不是兄弟。只是前阵子他做了导演，在拍自己的电影，设身处地地考虑，确实没想打扰他。

我一向不是一个轻易露怯的人，处女座的特点在我身上极致发挥，万全的准备对我来说是一件很平常的事。可是现在我还真有点慌了。这是一件相当严肃的事情。

晓飞兄弟你可得救救我。生死存亡啊。

2016 年 9 月 28 日

晓飞今天来开会了，看他搓着脑袋，揉着头发，一脸憔悴地说：“是啊，咱有什么好说的。”

很心疼，也很犹豫，人情，人情，在人情愿。晓飞这个状态能行吗？

宋晓飞刚导完《情圣》，正处于宣传期，后面还有很多路演要跑。自己的戏就跟自己的孩子一样，每一步的成长都不能缺失。

但我这边也确实是没有其他人能找了，于是使尽了浑身解数来说服他，简直是动之以情，晓之以理。

2016 年 10 月 3 日

今天，宋晓飞给我发了条消息，说他天天涂着我送的生发药，结果头发哗哗地往下掉，说他真的是没办法，事情太多了。

这是要撤吗？我知道他事情多，但是我也没办法了，只好死磕。

晓飞啊，对不住了，为兄弟这戏拼一把吧。

2016 年
10 月 24 日

有种说法，说拍电影就是在搞社交，就算你又导又演，身兼数职，也不可能一个人折腾出一部电影来，它必须是一群人同心协力完成的事情。怎样找到这群人，怎么让这群人各司其职、发挥最大的能力，都是在考验你的社交能力。在拍摄之前，我就遇到了这个社交难题。做导演，远比我想象的要难。

这几天脑海里有很多画面闪过，提前画了分镜，今天约宋晓飞过来讨论这些镜头，我聊得很激动，都可以想象这个画面最终在大荧幕上呈现的样子。最后我把晓飞送出大门，折回办公室，居然看到给晓飞的分镜本还在桌面上摆得好好的。

心里一下就觉得不对了，这在晓飞身上从来没发生过。

人的精力都是有限的，看来晓飞确实顾不过来。

2016 年 11 月 15 日

导演工作是个大挑战。此前，没有料想到会这么困难。当演员的时候，自己琢磨好自己的角色就可以。导演的工作，方方面面都要去做，一点也不能马虎。而在工作之中，找到合适的人是最难的。

思来想去，还是给晓飞打了电话。我知道兄弟的事儿他一定会来，但我确实要理解他，我不能拿着之前的交情做要挟。晓飞来做摄影师的事儿，看样子只能就此作罢。

看了看日期，心里又上火又绝望。

2016 年 11 月 17 日

摄影连找谁都不知道，跟没头苍蝇一样，不知道该往哪儿扎。

2016 年 11 月 18 日

早上打了一个鸡蛋，居然是双黄的，感觉是个好兆头。

今天开会的时候，有人问为什么不找曾剑。

曾剑，最早我们列摄影师名单的时候就有曾剑。他拍过《观音山》《浮城谜事》和《推拿》。但因为几乎都是文艺片，手持用得比较多，感觉他的风格跟我的电影不太一样。

不过，他的片子我很喜欢。

2016 年
11 月 20 日

曾剑人很可爱，见面第一句话就是“我是您的粉丝”。我觉得这是个不错的开始，听到他这么说，我还挺高兴的，接下来的沟通会顺畅一些吧，哈哈。

小眼镜，小平头，衬衫，很低调。见到他平时丝毫无锋芒外露的样子，我有点犯嘀咕，我知道后续我们还有硬仗要打，如果他是又一个温婉的豆包，很难想象他怎么吃得消。

跟他聊得很投机，我把剧本、对摄影的看法、包括之前找其他摄影师的事情通通给他讲了，之前隐匿的激情一点不受影响地在他面前燃烧着。

聊的过程中，有个细节：有点热，曾剑把衣服一脱，嚯，各种纹身毕露。他给我的形象马上产生了巨大的反差，这和我们刚才所聊的话题吻合。他是个内心和外表差别很大的人。Rock！对，他身上有这股劲儿。

摄影师曾剑（右一）和我

ARC'TERYX

好像是命运的安排。曾剑刚推掉了一部戏，刚好有空当。在中国电影这么高速运转的时候，一个成熟摄影师居然有空当，只能说是命中注定，缘分就是这么奇妙。曾剑听完我的讲述直接指着自己：“我，我，我可以的。”对我来说，这简直是乌云拨开一条缝，阳光照进来，瞬间燃起了希望之火。

聊到文艺片风格的时候，他也笑了。毕竟拍的一部文艺片还不错，大家就都会有一个类型化的思维，后续找来的都是文艺片，其实他对多种风格都有涉猎和追求。这段话，深得我心。

最后送曾剑出门，曾剑进了电梯，还调皮地指着自己说：“我，我，我。”嗯，是他！我心中的摄影师就是他了。

以前在剧组有次和摄影师聊天，他说有个摄影大师说过，当摄影师决定拍摄一部电影，这个过程必须像是谈一场恋爱。你必须爱上导演或者剧本，只有当拍电影的过程像是爱情故事，电影才会成功；如果它不像，就完全没有必要拍。深表同意。

曾剑的小平头、小眼镜再次浮现在我眼前，还有他的眼神。

2016 年

11 月 23 日

和曾剑签了合约。Maggie 说："你得赶紧签了，别再跑了。"

今天是值得纪念的一天，折磨大家半年的摄影师终于敲定了，这回是真的板上钉钉跑不了了！

2017 年

12 月 25 日

圣诞节。今天补拍，摄影师是宋晓飞。哈哈哈，兄弟还是兄弟。应了那句话，不来不是兄弟。

拍摄：

当梦想照进现实

人的一生都会有惊鸿一瞥，
或是美人，或是美景，
这里，就是让我驻足难忘的地方。

青岛实景拍摄

2017 年

2 月 28 日

算一算，电影在 2016 年春节后就定了开机时间。因为各种原因推到七八月份，又推到十月份。又从十月份推到今年二月。

今天，2017 年 2 月 28 日，终于可以宣布，我的导演处女作在青岛开机了！

说实在的，平时能让我兴奋起来的事情已经不是很多了。但是，今天从楼上下来，门口已经是大队集结，几十辆车蓄势待发，各组人马按部就班地准备出发。突然有些激动，虽然准备了那么久，但是当所有的文字、想法变成眼前这一大队人马的行动，有这么多人去帮助你完成一件事情，我有些动容。终于要开始了，是真正的开始。一众兄弟，一个梦想，一部还没开始的电影。加油吧！

一天就这样拍完了，感觉有些不可思议。拍摄过程中有个好玩的地方，就是之前的想法是一个字一个字落在笔上，又经过一次一次的修改才定型。现在，想法落在镜头下、落在画面上。这种感觉还是蛮奇妙的，我一个在电影行业折腾了快二十年的老战士，竟然有了初入校园的新奇。

2017 年
3 月 3 日

昨天还想着会有新挑战，今天就来了。现在拍下来，发现好多东西跟自己想象中的不太一样。想象得很美好，但现实当头就是一盆冷水，各种各样的偏差就出现了。不过，问题现在出现也蛮好，可以给自己提个醒，让自己不要把未来想象得太过美好，后面面对的困难、问题肯定会越来越多，还是要一步一个脚印地去做事。现在出现问题，起码能够被及时发现，也有足够的时间去应对。

但是，但是，今天最让人哀叹的是，剧本的结尾又废掉了，不能用了，必须得改。我之前想得太美好，觉得用这么长时间来打磨剧本，在开机的时候，肯定能够拿到一个完美的剧本。现在才知道……好吧，黄渤同志，无论如何，你都离你的目标更近了。起码比之前进步了，往前迈了，改也是往好的方向改。这还是让人欣慰的。因为很多时候，往往不是我们不努力，不是做不好事情，而是努力的方向错了，那是很糟糕和可怕的。

2017 年
3 月 4 日

天气！天气！是个大问题！今天为了天气，大伙儿守了大半天，好不容易等到了，拍了很多镜头，跟想象出来的差别非常大，完全没办法用。真是让人崩溃！遇到这种“天灾”，真是太恐怖了。以后遇到这种“天灾”，该怎么办？以后到了屋久岛，肯定还会遇到各种问题。唉，拍电影就是这样折磨人。今天太不顺了，整个剧组状态都不好，明天休整吧！

2017 年
3 月 5 日

开工六天了，拍摄的进度并不快。我现在怕就怕前期松，后期为了赶进度，不得不紧！想想都可怕。这个时间里，国内的拍摄能完成吗？

屋久岛实景拍摄

2017年

3月13日

匆匆忙忙，事情一大堆。但不管怎么说，终于来到屋久岛啦。还有一大堆一大堆事情在等着我们，加油。

来之前几天，整个剧组拍得紧紧张张，把大伙儿累得够呛。这两天算是喘了一小口气。

今天复景。果然是一年有四百场雨，雨下得特别大。我很幸运地穿了件防水衣，万万没想到，防水衣被阿姨洗了，然后它就不防水了，我就彻底成了落汤鸡。虽然防水衣漏水，但是口袋还很防水。悲催的事情出现了，所有的雨水都漏进了口袋。而我的手机，就在口袋里边！手机一直被浸泡着！还有，我最近刚买的一个取景设备，也装在口袋里！现在，全！都！报！废！了！

嘿，大雨干得“漂亮”！好吧，这算是屋久岛送给我的“见面礼”吧！希望明天一切都顺利！

2017 年
3 月 15 日

开机了！终于开机了！在大家不懈的努力之下，在屋久岛的拍摄终于开始了，自己感觉现在才是真正的开机。接下来，要面对的是可怕的绿幕、可怕的海滩，以及海浪声、石子路的噪声、小溪声、瀑布声对录音的影响，还有各种我们想象不到的困难。但这一切都没有关系，我们开机啦。

今天第一天上岛，就碰到雨天，正好要拍风雨交加的海难镜头。非常合适！绝美！

2017 年
3 月 18 日

拍电影真是一刻都不能放松。现场那么多环节，任何沟通都得自己来。演员的走位怎么走，想要什么样的效果，全得一一说清楚。拍了一天，就说了一天，嗓子都冒烟了，彻底哑了，几乎一点儿声音都发不出来。

可这能怎么办啊？这两天是硬仗，需要一大早起来，把所有海边的戏都拍完。又是雨戏，又是群戏，难度系数很大。一般都是两个小时的雨戏连拍，但这次是拍连续几天的雨戏。自然的风雨还夹杂着人造的狂风，让所有的防雨措施都等于白费。一想起这些，自己心里就担忧，不知道大家能不能撑下来。虽然很辛苦，但是依然要抓紧，毕竟老天爷不会一直对你那么好，下大雨的天气可不能错过了。

2017 年
3 月 19 日

一直在下雨。有一段时间没有吃到真正的饭了。我快要成猩猩了，每天都吃香蕉。演员这个职业，比常人想象的要辛苦。接连几天以饼干和香蕉来充饥，嘴巴寂寞得很，真让人怀念冒着热气的饭菜。

2017 年
3 月 20 日

眼睛红得厉害，接连几天高强度的拍摄，身心疲惫。

今天我们拍了在崖壁上的最后一场戏，是大风暴里的戏。海边的风很大，“呼呼呼”地吹着，吹得演保镖的演员都崩溃了，说风一吹连气都喘不过来了。所有人都非常辛苦。

拍完了，有一些小小的感动。

每一天的风雨都完美配合了戏里的场景。给力！真的把开头想要的气氛拍完了。

看着大伙儿为了电影，为了镜头，为了画面而付出诸多努力和辛苦劳动，心里真是感动，为这些画面，也为这些专业而又为此付出辛苦劳动的人。演员真棒！所有的工作人员真棒！我为这部戏感到骄傲，也为所有工作人员感到骄傲。

感谢，感恩。我相信这几段戏剪出来的话，肯定会很不错！

一天辛苦的工作结束了。本来还想泡个美美的热水澡，可看样子是不够时间了，接下来需要准备的工作还有很多。明天还得六点多起来。

2017 年

3 月 21 日

以前做演员的时候，笑场了，大家都乐呵成一团，感觉是拍戏中的一个调剂。现在自己当导演了，总算明白在导演眼里，笑场多让人抓狂。我看着艺兴和宝强笑成一团，只要一开始就好像完全控制不住，两条，五条，七条，八条，就像被点了穴一样，到最后眼神甚至都不敢互相碰撞。这种事情我在演戏的时候碰到过，笑场像个潘多拉的盒子，千万别打开，打开就很难收场。有时都想抽自己，可是眼神再一次碰撞，又会魔怔一样地狂笑不止。

要拍下一个场景了，可这几天雨还在不停地下，不停地下。制片看半个月之后才有一天的晴天，之前还害怕错过雨，现在怎么办，我们的雨戏没有那么多。两个工作人员打赌多久雨会停。我看着这如断线一般的雨水，一句话都说不出来。

2017 年
3 月 22 日

今天拍了一场戏，完了舒淇问我："你觉得呢？"我反问："那你觉得呢？"舒淇说："那这场你想怎么样？"我说："你想呢？"舒淇就毛了，冲我喊："你要给我讲戏啦。"我说："这点戏，你那么成熟的演员，还用我给你讲？"舒淇说当然需要。舒淇眼巴巴地看着我，那一刻，突然提醒了我的职责所在。我不是曾经只和她对戏的那个演员，我现在的职责是导演，需要给出评判或者是我想要的方向指点。

演员无论怎么说都是脆弱的，好的演员他可以自己调

不说戏，打你

整节奏、程度，可以呈现出不同的样貌、特点，但是他依然是脆弱的，需要细心地呵护、鼓励。导演的任何评判都能牵动演员的情绪，迟疑、失望、不满、焦躁，这些都是之前我在当演员的时候最怕在导演脸上见到的。演员会通过导演的各种细微反应，推测导演对自己表演的评判。当他们知道因为自己的不足和失误需要再拍一条时，可以看到他们眼中的惶恐不安。好演员是表扬出来的，自信才会使得他们放松，放松才会绽放出自然的精彩。要努力保持他们的自信心，不要损害它。这是我早已知道的，不要忘了。

2017 年

3 月 23 日

屋久岛的天气，一天一个样。一会阴一会晴，一会晴一会阴，拍拍停停，也不知道该怎么办。

昨天的戏还没有拍完呐，今天又是这种阴晴不定的天气。

在拍摄中，我看镜头上全都是水雾。这样拍出来的效果，肯定不会太好。在擦拭镜头的时候，几个年轻人扛着摄像机过来了，他们是过来拍花絮的。我一看，他们的镜头也全是水雾，就说：“你这镜头全是水雾，怎么拍？”年轻人倒是乐呵呵的，说这样会有一种荒岛求生的感觉。

今天拍花絮的姑娘，1994 年出生的，她爸爸是 1971 年的，比旁边的一位工作人员大一岁。按年龄来算，这位工作人员就是她的叔叔辈。然后，这群扛摄像机的小年轻齐刷刷地冲他喊：“叔叔好！”

我一边调侃着说就差这一年得管他叫大爷了，一边回忆自己 1994 年在干嘛。1994 年，我已经出去唱歌了，在全国各地跑，唱歌去了。

时代在变，孩子长大了，我也长大了，都开始拍自己的电影了。

2017 年
3 月 25 日

这世界上有个人你永远也管不了。老天爷。

这雨下得还有完没完了！

昨天，阳光明媚，我们窝在房间里。有种感觉叫“悔得肠子都青了”，用来形容我当时的心情再好不过。真是失策！那么好的天气，竟然被我们用来休息了。那是开工这么多天来，难得遇到的好天气。艳阳高照，浮云万里。真是人算不如天算。

可是今天，今天又下雨了。我呢？又要出工了！

2017 年
3 月 27 日

每天就跟个陀螺一样，要顾的事情太多了。

要说幸灾乐祸，宝强第二，别人绝对不敢称第一。

今天拍到一半又“哗啦啦”地下雨，正懊恼丧气，刚好一扭头看到宝强躲在棚子底下玩手机。他嬉皮笑脸地跟我说：“渤哥，别等啦，看样子这雨是停不了了，收工吧。”气死我了，好小子，刚进组的时候还跟他说：“你刚导完电影，有经验，有什么事情互相帮衬。”当时答应得好好的，说：“没问题，渤哥，没问题。”现在就立刻切回演员身份做甩手掌柜了，真够快的呀，宝强。

2017 年
3 月 28 日

这几天还是蛮“妙”的，想要太阳它就下雨，想要下雨它就出太阳。不不不，我们不要下雨了，要太阳，要太阳，要太阳，重要的事情说三遍。但是！难得的两个晴天，还撞上了开会和轮休。简直无话可说。

昨天我问身边的工作人员，不是说不下雨吗？工作人员指了指天说，这事儿它说了算吧。

的确，天气预报在这个地方，只能用作参考的参考。

今天很美妙，终于又迎来了太阳。努力一把，看看能否搞定两场戏？

2017 年
3 月 29 日

今天看素材的时候，发现有一场戏需要重拍。之前拍的都不太行，真的不行，从服化到整个状态都不对。凑合就是巨大的浪费，有些事情，对自己，对戏，都仁慈不得。那样只会浪费时间和浪费大家的体力。

重拍！麻烦不麻烦？麻烦。但是还是要重拍！没错，重拍！

2017 年
3 月 30 日

终于又遇到了晴天，不容易。

2017 年
3 月 31 日

今天拍的这场戏，“史教授”受苦了。雨下得厉害，他头发上的发胶顺着雨水流到了眼睛里。“史教授”眼睛不舒服，滴着眼药水。王迅苦中作乐，在一旁打趣他：“老史，你哭不出来不能用这个啊，你得用情绪，你不能用眼药水啊。你作为一名老演员，方法是可以用的，但不能用这个。”

“史教授”就说，眼睛都快瞎了，真的很久没有拍这么辛苦的戏了。

拍外景的时候曾剑说天气太潮了，镜头都已经起雾了。拍摄计划还有挺长时间，也不知道在这种天气情况下，机器能不能撑得住。

机器，坚持住吧！

2017 年
4 月 1 日

最近真是因祸得福。比如说昨天，本来要拍海边的那场戏。工作人员跟我说，会有暴风雨，海面会有巨浪。然后，当剧组一切准备就绪后，却发现水面平静，风平浪静。豆包说这个片段剧本设定改了吧，在房间里转了两圈，我说改吧，斗不过老天爷，没办法。

最近已经改了好几次剧本的天气，晴天改阴天，阴天改雨天。拍个电影，各种想象不到的困难和挑战都会出现在面前，妥协在每部戏里都是不可避免的。

但今天没有想到，这一改，效果还不错。真是意想不到的收获。

第十二场戏已经重拍完了。比起第一次拍，戏的气氛、演员的状态全都对了。

艺兴的状态也越来越好了。今天拍完一场情绪饱满的戏，他哭得面部扭曲，毫无形象可言。拍完之后，我看着监视器里的画面，越来越觉得艺兴在表演上的悟性真的很高。

2017 年
4 月 2 日

宫之浦川，景色奇美。但是下到河道里要手脚并用，而且随时可能有山洪。今天和置景师说想要一个木板栈道。我知道很难搭，有点犹豫地问钟伟哥："能行吗？"他说："我可以的。"

拍戏困难重重，每一次提出非分和不寻常的要求时，总能从他口中听到带着浓重香港口音的普通话，那是我最喜欢的三个字，"我可以"。那一瞬间，很感动。那么困难的情况，我提出这样的要求，置景组还能这么坚定地给我肯定的回答，这种相互的给予和支持在这个环境里真的能给彼此力量。

为了下一个景，机械组一直在悬崖上施工，运那些苹果箱。一个没接住，有个工作人员砸到了嘴，满嘴是血，看着心疼。也不知道检查结果怎么样了，希望没事儿。

2017 年

4 月 3 日

今晚要拍的是夜戏，又是一场硬仗。看着要落山的夕阳，真的很美。离出发还有点时间，临时起意，不浪费这美好时光，也让自己松松弦，我借了辆单车，骑了出去。风有点大，但我故意骑得很快。吹开了，好像真的吹开了，之前的紧绷和各种烦杂的霾。

还有一件事值得庆祝，我们开篇的重要场景，在早崎的拍摄结束啦。阶段性的胜利，再接下来，我们就要进入宫之浦了。

2017 年

4 月 4 日

连续几场夜戏拍到了深夜十二点多。我回到酒店，已经一点多了。有人开玩笑说，上班族朝九晚五，我们这是朝三晚十二。最早一批的演员一般三点就起来化妆，一边打盹一边化妆。明天的计划是十点开工，终于可以让大家睡个踏实觉了。

今天是宫之浦拍摄的第一天，在出发的路上，我就一

骑车出去玩

直担心今天在宫之浦的拍摄会不会顺利。费尽辛苦铺好的栈道可能会导致穿帮，所以要拆掉。可是拆掉了以后，我们该怎么办呢？总之，事情很多。不过有个好消息，我今天要换新地方住了，听说条件很不错，可以离现场更近。

晚上拍了场大夜戏，是小兴的重场戏。在凌晨一点钟，在水里泡了很久，水温又特别低，张艺兴从水里出来后，裤子里灌满了水。不过，呈现出来的效果还蛮让人吃惊的。艺兴，嗯，艺兴，真的让我真真切切地看到了故事中的小兴这个人物，现在心里踏实多了。想到后面的重场戏，一定会更好的。

2017 年
4 月 5 日

今天又一场大夜戏，连续的大夜戏，真考验人。

2017 年
4 月 6 日

外面是阴云密布的海。大家都熬得挺累，最近的拍摄有点长，我得琢磨琢磨，要找一些能够让大家兴奋起来的东西。

2017 年

4 月 7 日

今天去了现场，就被震撼住了。河道两侧的山峦，云雾缭绕，仙境一般。正美着，制片走来紧张地告诉我，今天有发山洪的可能。不拍了，走吗？我真的舍不下眼前老天爷布下的绝美气氛，太符合这场戏的需要了。跟摄影师沟通，摄影师说：“拍，当然要拍！”制片就组织人手，去了河流上游几公里处守候，随时观察，以确保安全。老天爷朝我抛来的这个媚眼，一定要接得住，用得好。

拍摄的速度跟飞涨的水位比拼着，半天的时间已经到了能够继续拍摄的临界点，好的镜头抓拍了不少。旁边艺兴坚定支持的眼神，也给了我巨大的信心。雨中、水中的工作人员，全情投入，那场面很美，比周围的景色都美。所有人都很执着，是因为他们知道，如此的辛苦是为了什么。这一天没有辜负他们，也没有辜负老天爷。真的拍得很好，很美。

安全上岸之后，望着奔腾着倾泻下来的河水，我看到摄影师点上了一根烟，他对着河水沉默了好久，回头对我说了一句话：“值了。”

宫之浦川最美的画面

2017 年
4 月 8 日

听说过有人会怕鱼吗？鱼，对，就是鱼。

张艺兴怕鱼。说不喜欢吃鱼也就算了，他是真的害怕。甚至鱼碰到他的身体，他都会禁不住大叫出声。但是今天的重场戏，要下鱼雨，也就是说数百条的鱼，要落在我们

的身上和脚边。道具辛苦准备了两车鱼，还有之前特意制作的抛鱼机。看着小兴那张吓得惨白的脸，能拍吗？

拍，当然要拍。不然呢？

五颜六色的鱼从天而降。这次艺兴真的很投入，因为他的叫声很惨。不同机位一遍遍地重复，拍得很好，但不知道这一天下来，艺兴对于鱼的心理阴影面积又大了多少。

下鱼雨

马进和小兴

2017 年
4 月 9 日

白谷云水峡拍摄。真的很美很美很美，美到再华丽的词都形容不出它的万分之一，所有人都被白谷云水峡的盛景震惊了，几乎词穷，只能不停地赞叹“太漂亮了！”“太美了！”人间仙境也不过如此了吧，真想让时间停驻，封存这一刻。

人的一生都会有惊鸿一瞥，或是美人，或是美景，这里，就是让我驻足难忘的地方。

这很美很美很美的景致，拍得也很美很美很美，希望能拍得很好很好很好。但好不好，还得回头再看。

2017 年
4 月 10 日

每个人都在拿命拍戏。

舒淇极易过敏。最近一段时间，屋久岛又花粉满天飞。真是把她折腾得够呛，脸和胳膊都肿得不成样子。今天中午，我跟舒淇开玩笑说：“你这样咱俩就越来越般配了。”

下午在悬崖拍戏的时候，地方又小又拥挤，有个化妆师一不留神脚下没踩稳，现场制片为了保护她，一个不小心滚下大石。那么一个壮实老爷们，疼得眼泪“哗啦啦”

马进与姗姗

地掉。那得有多疼啊！拍戏真的是一个高危职业。

2017 年
4 月 11 日

屋久岛一年四百场的雨，我是真的信了。收工后看到所有房间门口，都是湿得透透的衣服和泥泞的鞋。服了。想起之前别人说，你们是这二十年来唯一来屋久岛的电影剧组，终于知道原因了。

2017 年
4 月 12 日

今天晚上和摄影师一起看了这几天拍的镜头，宫之浦的主场景真的太美了，非常震撼，美到几乎不敢确定它的真实性。不仅仅是美，跟这一段戏的影像表述也太符合了，甚至又增添了许多。不枉大家冒着生命危险取景。

那天要是放弃了也就放弃了，美的瞬间真的稍纵即逝。这些日子，一直拿“胜利往往产生于再坚持一下的努力之中”这句话鼓励自己，鼓励大家。

看的时候正好艺兴也在，我说：“你胆子还真挺大，那么危险你真沉得住气。”他说：“我、我那天在那儿，都疯了。那水一点点往上涨，所有人都说再来一条吧，再来

齐姐吐泡泡

一条吧，但是水都要漫过来了。哥，你是不要命了。”

2017 年 4 月 13 日

每天一开机，每个人都处于高度紧张的状态之中。一绷绷一天，偶尔的一些小插曲、小失误，反而成为调剂紧张工作的最好佐料。

李勤勤下午拍一场食物中毒、满嘴吐白沫的戏。结果正式拍摄的时候，出现了一点“小惊喜”。李勤勤在吐白沫的时候竟然真的自己吐出了一个双层的、完整的泡泡，特别漂亮，效果特别好。李勤勤好像找到了诀窍，一遍遍地想努力吐出更多的泡泡。大家看到她认真地躺在地上吐着泡泡，忍俊不禁。后来她特别抱歉地说：“导演，我真的吐不出来了。”我眼泪都快笑出来了：“姐，这泡泡是后期 CG 做的，我真没想到你能吐出来。”她说，能自己吐出来花那钱干嘛，接着又在努力地吐。大家笑得更厉害了。

往事一幕幕。之前有一场开拍前，勤勤姐在石缝中十分投入地默念台词，她坐在岩石上，被淋得透透的。我说：“勤勤姐去棚子里躲躲吧。”她说：“不用了，裤衩都湿透了。”

在笑声中，有些感动。

2017 年
4 月 14 日

自作孽，不可活。今天对这句话，有了新的认知。

这些天，连续晴天。剧组看着天气不错，赶紧去拍一直没有拍的猿川。我们的主场景在猿川怪树林。宝强有一场大喊的戏，拍了一整天，他的嗓子都喊哑了。晚上候场的时候，他就直接爬到一棵老树上，躺在藤蔓中，说谁也别叫他，别告诉别人他在这儿。哎，辛苦啊。

而我是拍一场吊威亚的戏，倒吊了半宿，太阳穴都鼓起来了，一边对着词一边跟豆包哀叹："我突然想起来你写这一段的时候问我，真的要这么写吗？这可是你自己演。"唉，真是自作孽，不可活。

下不来的小王

2017 年
4 月 15 日

屋久岛的环境保护条款可谓苛刻。这么美的地方当然需要保护，但是今天的拍摄需要伐树。申请了很久，但屋久岛的林业局只允许在特定地区批准砍伐一棵人工树。也就是说，我们必须一发即中，要是没拍好，就彻底拜拜了。只能成功，不能失败。

为了达到最佳的效果，我们先做了实验。果然，第一次实验失败了。第二次比第一次好一点。行了，就这么来吧。我的心真提到嗓子眼了。四个机位摆好，大树倒下，结果倒到一半的时候被别的树挡住了。突然想到伐木的过程已经拍到了，那可以把树拉起来重来啊。于是奇迹出现了，这棵树不停地被拉起倒下，靠镜头组接，只伐一棵树就拍出了伐了整片森林的感觉。这是因祸得福还是经验不足啊？嗯，经验就是这样慢慢积累起来的。

2017 年
4 月 16 日

今天是特殊的日子，舒淇的生日。

艰苦的拍摄里，难得放松，忙里偷闲。我给舒淇女神献了束鲜花，艺兴献上 B-BOX，宝强唱了生日歌，场面很温馨也很搞笑。低头是蛋糕、香槟，抬头一看大伙，我怎么觉得这么不和谐呢？原来大伙都穿着褴褛的戏服，有点喜剧效果。寿星舒淇拿着切蛋糕的刀，脸上露着笑，白白的蛋糕，脏脏的脸，这种荒诞跟戏里还是蛮吻合的。

嗯，我喜欢这种破破烂烂的、荒诞的小美好。

舒淇生日

2017 年

4 月 18 日

早上我和曾剑在一棵挂满鱼的树下面讨论戏，艺兴就蹲在旁边一脸苦恼。为什么苦恼？当然是因为这旁边一树的鱼，还因为后面的戏要真的撕咬咀嚼这些生鱼。艺兴跟我哀求："渤哥，我还是在想，我这鱼啊，咬生鱼的那场戏，可能还是有很大的障碍，真的不是开玩笑，我真的是有障碍，要不咱们搞一个假鱼，让我多咬几口。"我说："假鱼？是硅胶的吧？"艺兴点头跟捣蒜似的："假鱼我吞下去都可以。"我直接就说那不行。完了艺兴就蹲在旁边绝望地自言自语："要怎么咬？！我的天，这飞鱼还有翅膀。"

中午歇息，和大家闲聊，我说昨天去补牙，去一个诊所，补完后不但没问我要钱，还送了我一瓶酒和各种牙刷、牙膏。医生听说我们来这里拍电影，特别真诚地对我说，拜托了，请把这个地方拍美点。压力好大啊，如果没有拍到理想中那么美的话，只能让摄影师把我补牙的钱寄还回去。哈哈。

他们问我补牙之后是不是吃得特别香，我说："补牙之后有点后悔，因为原来饿的时候，怎么都能找出点东西垫垫饥，现在就不行了。"听完，一群人掩面狂奔而去。

下午，舒淇拍戏的时候腿摔破皮了，我过去问，还遮起来不让我看。工作人员说流血了，舒淇说为了我，流一点血，是值得的。别人都说这句话太假了，但我不觉得，我就认为这是真的。对，真真的。

条件艰苦，但大家苦中作乐的本事真的是日益见长。

2017 年
4 月 30 日

祸不单行。这词儿可真不是胡乱发明出来的。

一个人倒霉的时候，会接连着倒霉。墨菲定律又发威了，今天我就不停地听到有人受伤的消息。大伤小伤，一天之内，磕磕碰碰就没停过。先是艺兴在拍摄时脑袋撞到了木架，撞得不轻。

接着就是“保镖”杨洪拍的时候，鼻子被皮带扣划开了一个大口子，演员破了相可不是小事儿，送去医院，还缝了好几针。

回来的时候，还听说一位摄影组的工作人员在拍摄的时候脚也扭伤了。

安全，没有比安全更重要的事儿。

今天真的是多灾多难的一天。

2017 年
5 月 6 日

早上看到舒淇嘴边起了一个大泡，吓了一跳。人有时候还真是自私的，我首先想到的就是后面的戏还怎么连。舒淇说平时她嘴巴没事，今天早上起来觉得嘴巴有点痛痛的，是因为昨天和我拍了个吻戏之后，中了毒了。

Oh my gosh！我看以后谁还敢惹我。

2017 年
5 月 7 日

今天拍了一场特别难的戏，“求婚”。怎么排练都觉得还欠一点，于是临时起意，把姗姗对马进的告白，放在了蓝白条布下。单一场景被割裂成了两个空间，二人情感变得更加凝练。还真挺神的。这样的戏是事先无法想到的，只能碰。

拍完了看监视器的时候，我知道，嗯，有了。

“我原本已经不相信爱情了，感谢这次的灾难，让我重新去信任、去爱一个人，让我可以像一个小女孩一样，期盼有个英雄，走进我的生活。”舒淇真是一个有魅力的好演员，她面对着马进说这几句话的时候，我似乎忘了她是舒淇，眼里只有那个憧憬着爱情的姗姗。

2017 年

5 月 8 日

今天马进有个超长的长镜头，需要情绪很饱满。拍完一条我就去监视器后面看画面，在马进和导演这两个身份之间来回切换，理性，感性，理性，感性，理性，感性，感觉自己要“精分”了。

2017 年

5 月 10 日

下午的时候也不知道怎么回事，“我不成”这句台词总是念成“我不行”，可被舒淇揪着了。晚上想起来今天是十五，我就问今天的月亮是圆的吗？舒淇就说明天的月亮也是圆的，十五的月亮十六圆。圆圆的月亮啊，希望戏也能这么圆满吧。

2017 年

5 月 11 日

吃饭的时候和一个演员聊天，他说每次拍完一条，执行导演喜子都带着大家拼命鼓掌，让人觉得特别温暖。在这个岛上，每个人每天都要面对各种各样的困难和烦躁，

姗姗求婚

都是靠意志在支撑，掌声太重要了，是肯定，是支持，是强心剂。

2017 年

5 月 12 日

今天艺兴看到剧本又“丧”了，跟我说：“又有鱼啊，导演。而且要吃生鱼啊，我真下不了嘴啊。”我能看出他的绝望，其实那么整整一条生鱼，我心里也很犹豫。我说：“之前给你看剧本的时候，你就应该知道，整部戏都要跟鱼打交道，因为饿，不但要吃，而且要吃得香，恐惧是没有用的。来，大声念，红鲤鱼与绿鲤鱼与驴。”

表述之后，我示范地朝手中的生鱼咬了过去。没想到，那条该死的鱼因为肚子里有气，突然发出了一声尖叫。我把鱼扔出两米多远，撒腿就跑。我特别不想承认这是真的，但一切都被镜头记录了，现场哄笑成一团。艺兴茫然地看着我，拍着我的肩膀说：“来，大声念，红鲤鱼与绿鲤鱼与驴。”

好汉不提当年勇，这一段以后我再也不会提了。

2017 年
5 月 16 日

拍摄从早崎开始，在早崎杀青。早上十点，在屋久岛的拍摄就结束了。大家都让我当天赶回青岛，但是我还是想在岛上留一会儿，好好地感受一下这个带给我灵感的岛。环岛三个小时，潜水一个小时，晚上吃了飞鱼，半夜看了海龟下蛋。明明在岛上生活了两个月，却好像一日游才刚来一样。第一次在非工作状态下真正地体验这个岛，真想再留一段时间，我还没被雨浇够呢。

张艺兴吃生鱼

青岛实景拍摄

2017 年

5 月 22 日

回到青岛，一直担心的终于要面对了。青岛的拍摄都是根据美术设计图凭空搭建出来的场景，需要和在屋久岛拍的实景匹配。将来视效需要把屋久岛的悬崖、岩石、石滩以及小溪和在青岛搭出来的景无缝衔接，部分需要一比一地复制到青岛，其实这个在我心里一直没法想象，担心复制出来的太假。结果，今天一看我们搭建的海边、礁石和残破的大船，完全以假乱真，太棒了！我被震撼到了，像是回到了之前的场景里。

2017 年

6 月 13 日

今天出外景，拍精神病院的戏，因为终于从郊区来到了市区，好多人来探班。既然来了，就别浪费，所以著名导演管虎、著名导演宁浩、著名导演陈德森、著名摄影指导曾剑、著名美术指导林木都变成了精神病人。哈哈，史上最大牌“精神病人”集合。

史上最大牌“精神病友”集合

2017 年
6 月 15 日

今天拍舒淇的 ending 戏，也是全片的大 ending 戏，需要舒淇在情绪极其饱满和复杂的情况下演一场哭戏。现场是一个大狂欢，道具、走位、机位和火都要合乎时机地配合到一块，结果怎么着都弄不对，我也越来越烦躁，因为今天这场戏太重了，一条下来好几分钟，几条下去几乎用尽了所有人的力气，现场的状况，真的让人崩溃。

要是以前，我只是演员的时候，我肯定就叫停了，这种状态真的没法演。

但是现在没办法，一群人在眼巴巴地看着我，我必须 hold 住，喊着安排好所有程序，就位后发现自己已经蒙了。我脑子里全是人，场地上的各种声音都往脑袋里钻，没办法进入状态。回头一看所有工作人员都已经就位，舒淇已经摇着高脚杯，眼泪已经在眼睛里打转了。我实在不能只顾自己的情绪了，只得咬着牙往地上一坐，跟他们说给我三十秒，然后不断地给自己驱逐杂念和洗脑，告诉自己能行的能行的。

耗神耗力，用了洪荒之力拍完了最后一条。身体瘫软了，精神分裂了。自导自演这事儿，可能本身就不科学。但困难都经历过了，坚持住，我已经看到那个亮光了。虽然还有点微弱，但确实是个亮光。

2017 年
6 月 20 日

昨天看了舒淇那场 ending 戏，很精彩，但隐隐觉得情绪好像大了些，我还是想让这场戏再好一点，应该收起来一点。女主的失望不应仅仅是对面对着的那个人，还有对整个世界，对所认定的美好的泯灭。哀莫大于心死，那个哭的情绪再克制一些会更好，应该不需那么饱满的爆发。

今天把舒淇又叫过来拍了一整个晚上，最后一条能感觉到是舒淇跟姗姗都临近绝望崩溃的时刻，到了，感觉终于到了。可怜的舒淇，又哭了一整晚。心疼，但是又高兴。

2017 年
6 月 23 日

我是海边长大的，之前没意识到有人能这么怕水。看着于和伟在海边十分紧张的样子，我在旁边说："两艘救生艇停在旁边，两个潜水员在下面，你身上还穿着救生衣，放心吧。"但是于和伟真的是脸色煞白，他是咬着牙下水的。

如果有人恐高，让他现在立马蹦极，他肯定也害怕，道理是一样的。

2017 年

6 月 25 日

临时接到通知，需要参加上海电影节，我狠了狠心，也没让大家闲着，让摄影师带着大家去拍路跑的戏了。

拿了本届最佳男主角，一高兴，就公布了我正在拍摄自己的导演处女作的消息，这是我第一次跟大家分享。

同事们为我开心，琳琳买了一瓶价值人民币二百元的红酒给我庆祝了一下。黄渤同学，再接再厉。

上影节获奖

2017 年 6 月 27 日

青岛的海跟屋久岛的不一样，我们还有一些海边的戏需要拍摄。不得不感谢后期高超的 CG 技术，虽然两个地方的海水颜色完全不同，但他们完全可以搞定。

一进入六月份，青岛的海面就会出现浒苔，会影响拍摄，虽然已经有了心理准备，但现场看到自由游走的浒苔，依然让人崩溃。只好边拍戏边捞浒苔，拍摄的时间增长了很多。

我们只是打捞一天，海岸线那么长，难以想象工人们平时要打捞多久。

2017 年 6 月 29 日

不知道以后还会不会做导演，但这次的经历对我来说很有意义。这是种很奇妙也很崩溃的体验，让我能够从演员的身份换位思考，从多方面去考虑问题。当导演很不容易，演员的档期、表演的情绪、整个戏的统筹、现场各部门的调配，包括对后期剪辑视效调色等的想象都要考虑。以后自己做演员的时候也一定要多多理解导演。不要忘了。

2017 年
6 月 30 日

躲得了初一躲不过十五，跳海的戏还得拍，大炮都已经就位了，就等潮汐。我有点担心于和伟，问他行不行，他咬着牙说行。我在礁石上看到于和伟脸色铁青，扶着船帮，随着水波上上下下，船帮都快被他撕下来了。

我就朝他喊："老于你行不行？不行你就说啊，你脚下两个潜水员呢。"

老于在水里面的样子不是演戏，是真实反应。

宝强今天也特逗，问他游泳怎么样，说没问题。结果水戏一拍完，上来跟我一通比画："那个浪有十多米高啊。给你拍下去你再也起不来了。"我还在现场呢，那悬崖也没十多米高啊，这些游泳池选手。

但是恐惧是真实的，表演也是真实的。

这是巨大的牺牲。

视效及物理特效拍摄

2016 年

5 月 17 日

美术已经工作了快两个月了，出了大量的概念图和场景效果图。

要完成这些设想，除了找到合适的景，后期的视效也是重中之重。

我的电影涉及末日、海岛这样的元素，陨石撞地球、龙卷风、海啸等场景都少不了，为了达到惊心动魄、扣人心弦、最接近真实的效果，必须得找个好的视效公司。

2016 年
5 月 30 日

基本的美术概念图、场景道具设计图、人物造型图都已经定得七七八八了，但是视效公司依然没有着落。

今天，大家一起聚在会议室，把各家视效公司的作品又看了一遍。不过这次总算没纠结太久，综合之前和视效公司面对面接触的感觉，最后选定了几家公司。有老牌的好莱坞视效公司，有亚洲顶级的视效公司，有国内顶级的视效公司。

道具设计图

上：美术概念图　中：救生艇气氛图　下：山洞气氛图

大船内部气氛图

大船餐厅

楼梯间

2016 年
6 月 1 日

原本觉得我的片子视效只集中在几场戏上，难度有，但量应该不会很大，一两千万应该能搞定吧。Maggie 直接给否了，她说："细账我算过了，绝对不止。"

预算表摆在我面前，最后的数字一下子就把我砸晕了，坐在那儿一脸蒙。

我们需要这么多钱吗？这下可好，还没确定视效公司呢，就先被预算砸晕了。

2016 年
12 月 8 日

Double Negative 是欧洲最大的影视后期特效制作公司，做过《哈利波特》系列、《2012》《超凡蜘蛛侠》《X 战警》《机械姬》等 200 多部影视作品的后期特效制作。和他们联系之后，这作品列表一出，真是华丽得让人心动。当然价格也相当华丽。不过一分钱一分货，人家作品成绩摆在那儿。

不管结果怎么样，先请他们去实地看景吧。

2016 年

12 月 30 日

今天听到了一个噩耗。

Double Negative 在了解完整个拍摄方案，以及在实地看完景以后，觉得我们需要的工作时间他们空不出来，因为那个时间段，他们现在做的电影还没有完成。为了保证制作的效果，无法同时兼顾多部电影。他们做事有自己的原则，我非常理解他们，但还是忍不住烦躁，哎，之前的工夫白费了，又要重新找视效公司。感觉我这部电影从一开始就陷在各种选择中，真是要逼死处女座。

2017 年

1 月 27 日

视效公司最终定了亚洲顶级的视效公司 DEXTER 和国内顶级的视效公司 MORE。

“塞翁失马，焉知非福。”跟这两家公司的沟通意外地顺利，完全能够理解我的需求。

两家公司陆续发来了概念设计图及动态预览，嗯，有点意思，基本呈现了我心里的构想。我对未来影片的视觉效果开始有信心了。

上：视效完成镜头　下：视效概念图

DEXTER®
STUDIOS

上：视效完成镜头　下：视效概念图

DEXTER
STUDIOS
DEXTER
STUDIOS

上：视效完成镜头　下：视效概念图

DEXTER STUDIOS

上：视效完成镜头　下：视效概念图

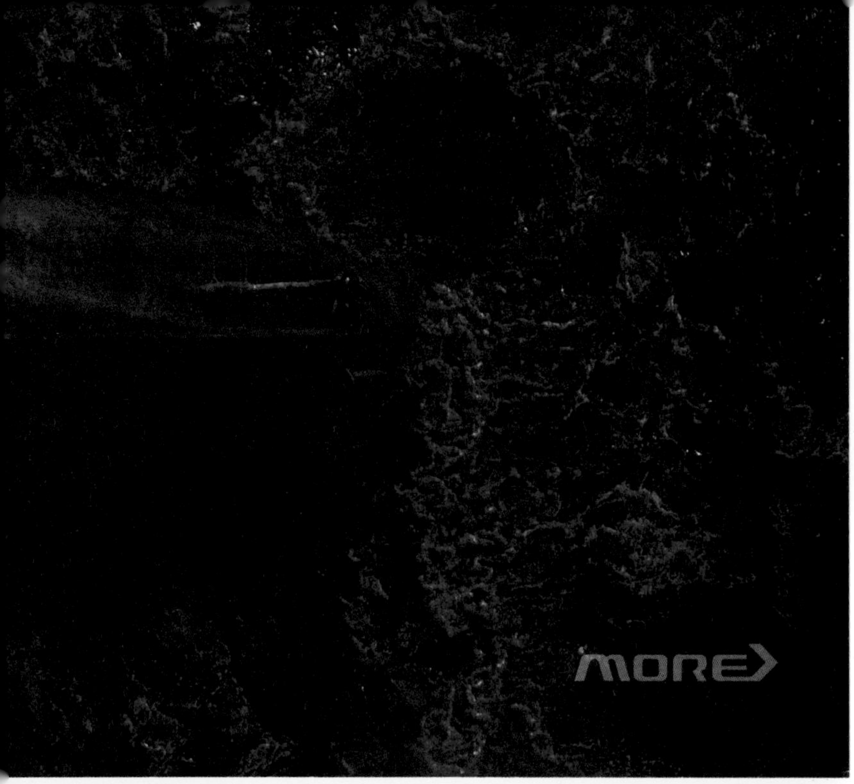

MORE>

MORE>

左上：实拍大船外　右上：视效完成大船外镜头

左下：实拍水面筏子底　右下：视效完成水面筏子底镜头

MORE

2017 年

3 月 2 日

影片里有一个不可替代的特技拍摄装置，就是 Gimbal（六平衡）和大型水滑道。因为要拍水陆两用车在风浪里的镜头，我们是没办法在海里实拍的，水棚又不够大，还要拍摄演员在车内的表现，难度非常大。之前考察了很多公司，都说有，但是都很小，不能满足我们的需求。甚至还动过自己做一个的念头，可是至少要两百多万的成本，还不一定能达到技术要求。

你知道什么叫运气好吗？制片在韩国找到的一家特技拍摄公司有，大小尺寸完全符合需求，是亚洲目前最大的

六平衡拍摄

六平衡。但这个庞然大物，要怎么运回来呢？

2017 年

5 月 25 日

好消息，六平衡运到青岛码头了。

2017 年

6 月 2 日

今天，六平衡和水滑道在棚内开始组装了，虽然已在视频中看过很多次，但是真正看到，还是很震撼。那么一

组庞然大物，需要靠吊车才能组装完成，但实际操作的时候，那些翻江倒海的镜头，只需要操控台上几个按钮轻轻一动，就能让所有的庞然大物全面配合。它能载“舟”，亦能覆“舟”，不得不佩服技术的力量，可以实现很多以前不敢的想象。它是电影技术上一个很先进的东西，拍出来的效果我非常期待。

路上的运输整整花了一个月的时间，但是，值得。

2017 年
6 月 21 日

从昨天晚上开始我就是个倒立人。白天拍了一天的戏，晚上的戏要吊威亚，倒吊，真的是脑充血的状态。但是威亚拆卸一次时间太长了，时间就是金钱，我跟他们说别拆了。我就这么半躺着，让他们把监视器拿给我看，自己演自己看，真正的“自倒自演”。不行再来，不行再来，一晚上上上下下，快十二个小时了。

早上，助理拿来了早饭，我看了一眼，吃不下，真的吃不下。

你永远不知道自己的极限在哪里，原来我还可以这么牛。

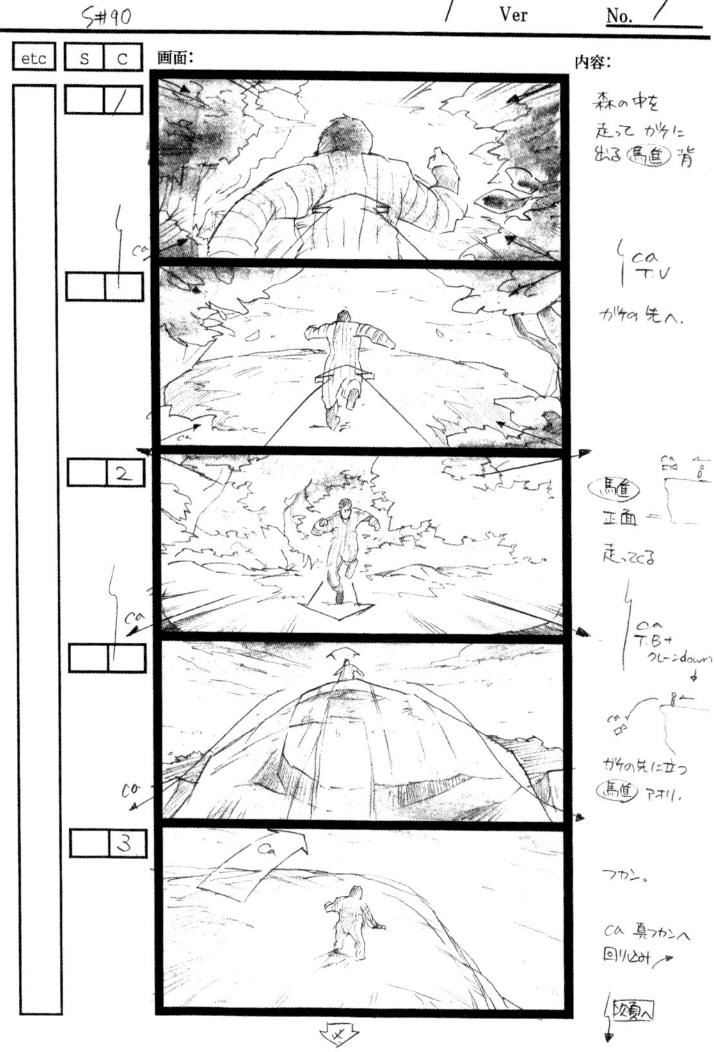
S#90
Ver
No. /
etc
S
C
画面:
内容:
森の中を
走って ガケに
出る 馬面 背
ca
T.U
ガケの先へ.
2
馬面
正面
走ってくる
ca
T.B+
クレーンdown
ガケの先に立つ
馬面 アオリ.
3
フカン。
ca 真フカンへ
回り込み
次頁へ

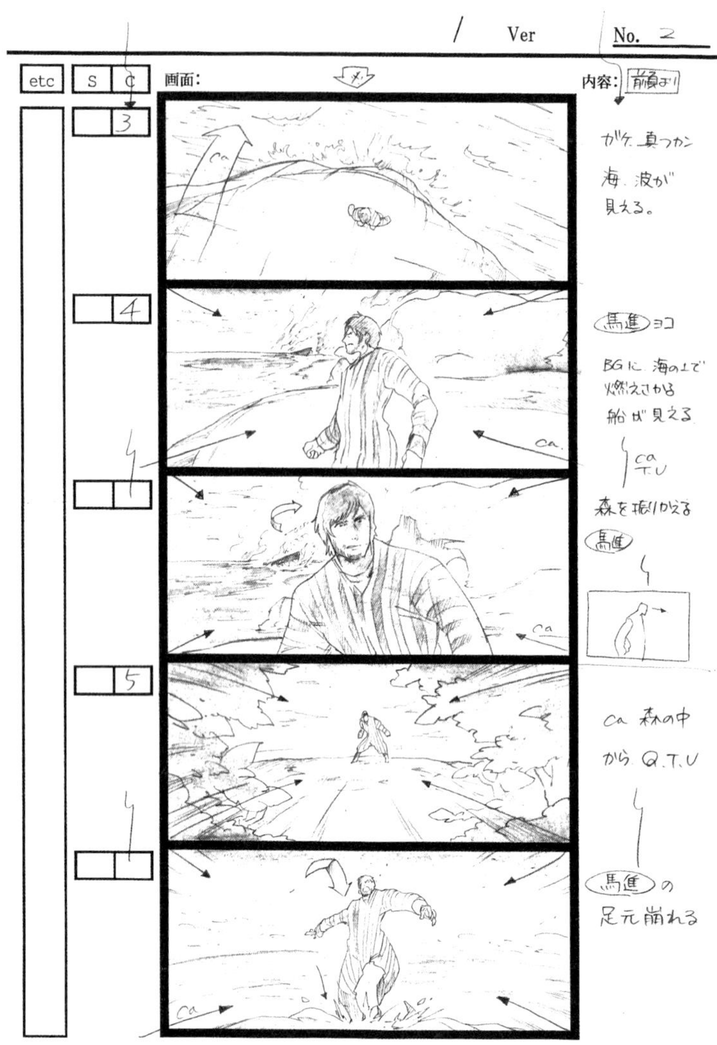
Ver
No. 2
etc
S
C
画面:
内容:
前頁より
3
ガケ 真つカン
海、波が
見える。
4
馬進 ヨコ
BGに 海の上で
燃えさかる
船が見える
ca
T.U
森を振りかえる
馬進
5
ca 森の中
から Q.T.U
馬進の
足元崩れる

分镜图 2

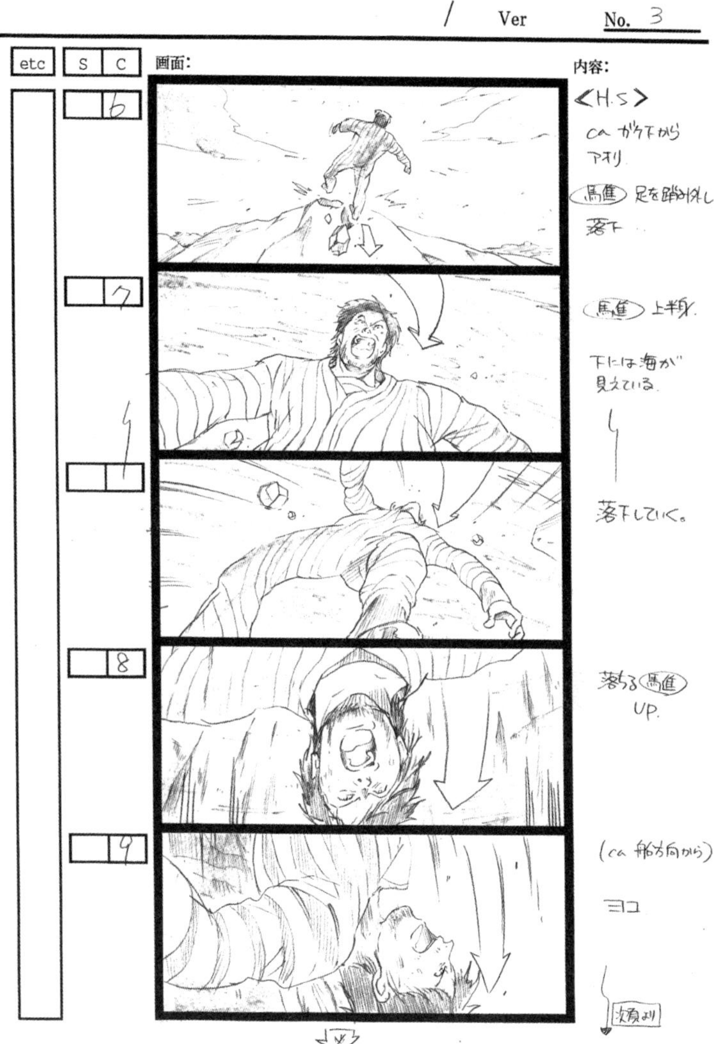

/ Ver No. 3
etc
S C
画面:
内容:
6
<H.S>
ca ガケ下から
アオリ
馬進 足を踏み外し
落下…
7
馬進 上半身
下には海が
見えている
落下していく。
8
落ちる馬進
UP.
9
(ca 船方向から)
ヨコ
次頁より

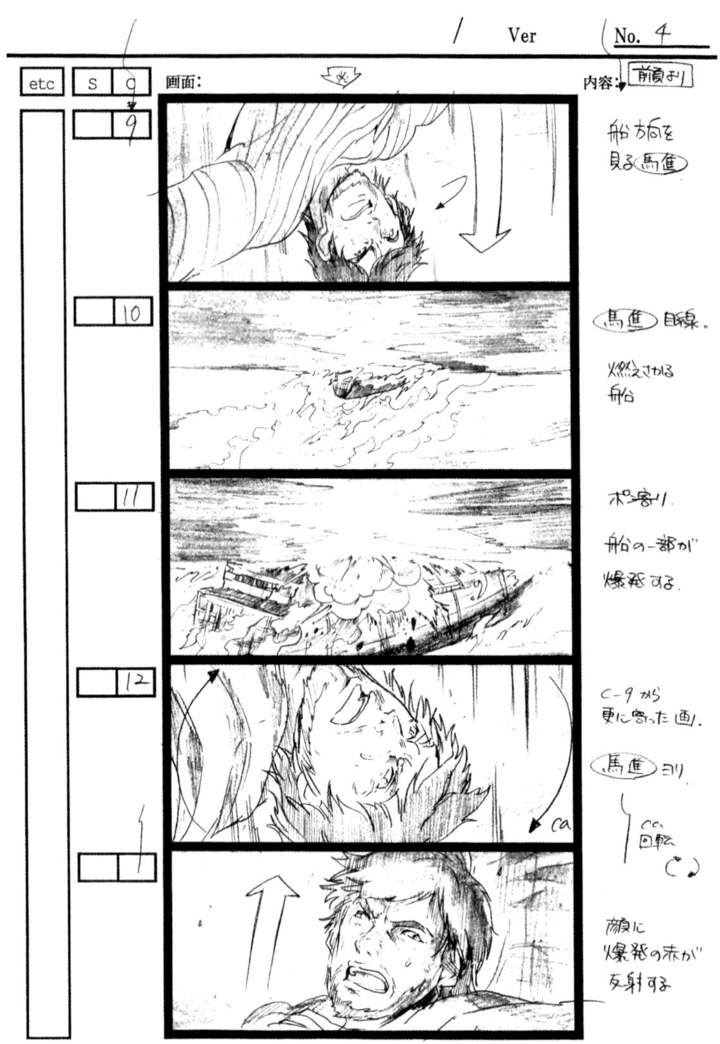

分镜图 4

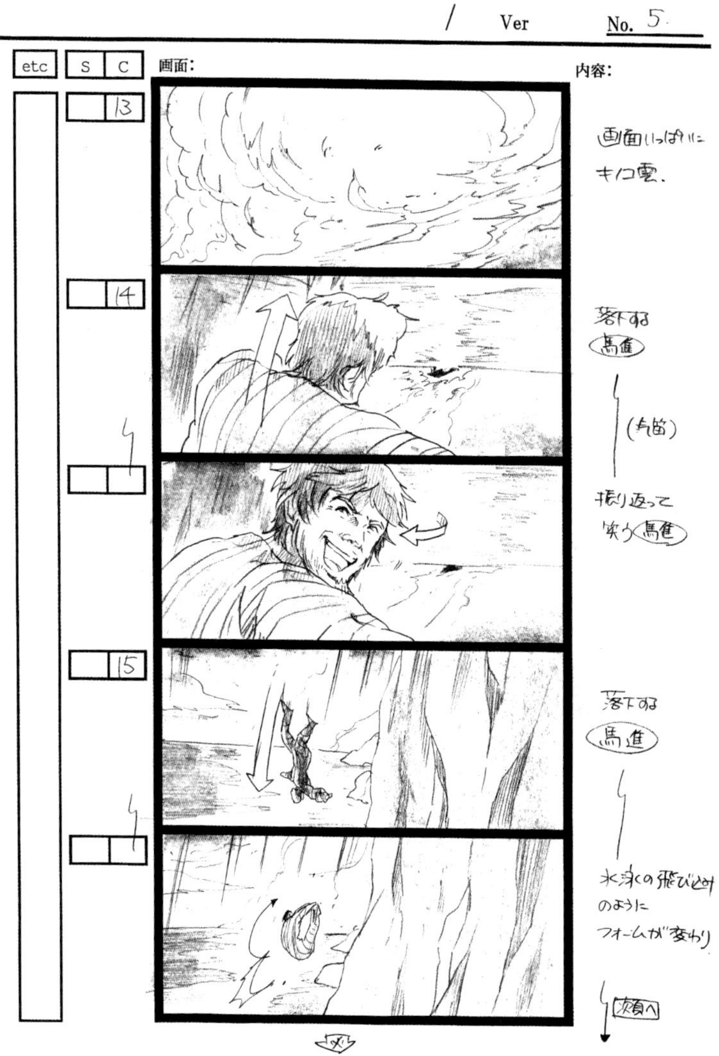

Ver
No. 5
etc
S
C
画面：
内容：
13
画面いっぱいに
キノコ雲、
14
落下する
馬進
振り返って
笑う 馬進
15
落下する
馬進
水泳の飛び込み
のように
フォームが変わり
次頁へ

分镜图 5

/ Ver No. 6

etc	S	C	画面:	内容:
		16		笑顔で 飛び込んでいく 馬值 (BG. ガケ.)
		17		Cu 水中 馬值 飛び込んでくる.
				~まで

2017 年
7 月 3 日

今天拍的是烧大船的戏，烧完以后，大家都很失落。

这个大船的景整整置了两个月，可以达到以假乱真的程度，我们在这里前前后后拍摄了二十多天，片子里的重场戏部分几乎都是在这个景里完成的。

火烧是不可逆的动作，而且我希望是真烧，可以真正地呈现熊熊大火的感觉，所以，只有一次机会，必须留到最后拍。整个拍摄过程非常危险，现场消防车、医护人员都做好了准备，随时待命。

场景里有很多细节，烧之前我们埋好了管道，烧的时候，从戏里的细节一点点引燃，仿佛戏中的生活在火光中升起。看着船体的火，我心里说不出是兴奋还是遗憾。

这场戏完成了，整部戏也完成了，我的大船，也没有了。

上：烧大船完成镜头　下：搭建的部分大船船体

MORE>

m

间的点是起火源头，被一个掉落的雪茄烟头点燃，

向源头的红色箭头表示船体漏出的油的流动方向，从这几个方向流向着火点，最后流到船外地面。

势从小到大，延续的时间需要可控。四个箭头示意的四条火线都要单独可以控制大小。

体二楼的红线表示，在这一排的位置上也有火，火也是从小到大。

2017 年

7 月 5 日

一觉到中午，这大概是我这么多天来，睡得最香、心情最好的一天。看着窗外明亮的天光，真是心情舒畅。戏终于拍完了。在整个拍摄过程中无数次想到的一天，终于来了。并没有我想象中的快乐，心里面的兴奋只占了一点点，还有些怅然，有些失落，有些不安。不安可能是来自对自己的怀疑吧，真的把所有该拍的都拍到了吗？事后补拍是我最不想听到的。应该都拍到了，我拍摄的素材量，足够装下两部电影。

电影杀青宴水牌

恭喜
拍电影的小弟弟
新戏杀青
Congratulation !!!

昨天晚上的杀青宴，制片在杀青宴门口挂了个LED屏，上面写着“恭喜拍电影的小弟弟新戏杀青”几个大字。杀青宴上，举杯痛饮庆功酒，看着大家一张张依依不舍的脸，从战斗结束的兴奋到惜别的不舍，表达对各部门工作的感谢。大家一杯一杯酒下去，已经开始意识到自己有点口齿不清，我也不知道自己说了些什么，种种情绪交织，五味杂陈，啤白红酒混杂在一起，把自己给化了。

但是，虽然已经杀青宴了，我居然还有一场戏要拍。

2017年 7月10日

已经杀青了，老天爷啊，我又来拍了。

今天在北京的水棚拍了真正的最后一场戏，真的是最后一场了，我居然有点不敢相信。

现场侧拍的人问我：“今天是第三次杀青了吧？”

我拒绝回答。

剪辑：

借神之手

手起刀落，

每一刀都仿佛是在割我的肉。

2017 年
7 月 20 日

如果可以的话，我真希望自己拥有超能力。自己的电影杀青没多久，气都没喘一口，就进了宁浩的《疯狂的外星人》剧组。自己戏的剪辑工作也就安排在剧组跟组进行了，电影要剪成什么样，我心里有了些思路，看了一眼素材的总时长，嗨，赶紧剪吧。

《疯狂的外星人》算是个现代科幻片，宁浩为了这个剧本也弄了差不多五年。说起来，我跟宁浩这次也算是想到一块去了。他是软科幻，我是荒岛末日；他搞了五年，我弄了七年，都还没完，也算是心有灵犀了，就还蛮巧的。

一下子从导演又变回了演员，心情还蛮奇妙的。

2017 年
7 月 27 日

最近日子过得相当规律，白天拍戏，晚上看片子、剪片子。把自己每个空隙都塞得满满的。从片场回到酒店，窗帘一拉，灯一关，酒店房间就直接变成了剪辑室。伸手不见五指，房间黑漆漆的，就电脑亮着，有点全世界只有这一抹亮的感觉，哈哈。

昨天晚上眯着睡了一会，居然梦回屋久岛，大概是因为一直看着屏幕里的屋久岛，念念不忘吧。看着看着，五点了。拉开窗帘，天色已经有点泛白了，一不小心，就通了个宵。

2017 年
7 月 28 日

剪片子的过程，就像又经历了一次拍摄，全部的素材捋一遍，感觉经历了一次涅槃。

今天剪完一个镜头，总觉得哪里不对劲，反复倒回来重新看几遍，不对味，这个镜头差点意思。差一点，整个意思就差了很多，这样的东西真的能够呈现给观众吗？我连自己这关都过不了，纠结了一会，觉得还是得重拍，这是个艰难的决定，但必须得重拍。我们大部分拍摄都在屋久岛完成，难道还要再跑一趟屋久岛？演员的档期、成本、时间，这一切都告诉我，不可能。

和团队商量了好长时间，最后决定让他们想办法复制一些景观，补拍部分镜头。可是怎样补拍，还需要慎重考虑。虽然返工有很多麻烦，但还是很期待这些镜头的重新演绎。

2017 年 8 月 1 日

今天发生了一件很好玩的事情。

今天没我的戏，我在房间里看我的片子。宁浩来找我，让我看一下这些天拍的镜头的粗剪，想听听我的意见，确定一下表演调性。我最近剪自己的片子剪到条件反射，看完粗剪的片子就直接跟宁浩说："这个镜头放在前面是不是好一些？"宁浩直接无语了，就差对我翻白眼了，他说："黄导演，我让你看的是表演。"哈哈，瞧我，一下子角色没转换过来。

2017 年 8 月 30 日

白天演戏，晚上剪片子，最近还和冯勇沁导演聊了聊他的处女作剧本。勇沁是我们公司发起的"HB+U 新导演助力计划"选出的第一位导演。我也刚拍完自己的处女作，这一路的兴奋、喜悦、挫折、困难，也有很多想跟他分享。看到他的那股冲劲，我仿佛又回到了刚开始的状态。要的就是这股劲，一起加油吧！

2017 年
9 月 2 日

剪片子的过程已经不是在拼七巧板了，简直是在拼万花筒，感觉眼睛都不够用。这些日子，每天都在做取舍，排列，再取舍。我是处女座，总感觉删掉这个镜头，就少了些表达；删掉那个镜头，又少了另外一些信息，真是要命。但该舍弃还是得舍弃呀，剪辑师剪得那叫一个利索，每一刀都仿佛是在割我的肉。

2017 年
9 月 3 日

今天面临一个巨大的问题。因为整体的原因，必须拿掉很多的精彩戏份，里面还有我请来帮忙的两位好朋友的戏。当时拍的时候，两人二话没说一口答应。

精彩是很精彩，好看是真好看。但是电影就是这样，有太多的遗憾。

2017 年
9 月 20 日

天天盯着剪片，我想我大概真的有些疯魔了，也算是“不疯魔，不成活”了。

今天一不留神就又到了凌晨。

没办法，在这种昏暗的环境下，对时间的流逝特别不敏感，而且我心里着急啊，只想赶紧将片子剪辑完成。组里工作人员有些看不下去，跟我说：“哥，早点休息，明天早上起来还要喂猴呢。”我最近的生活倒是极其规律，白天喂猴，晚上剪片，有点想让宝强来替我喂猴子。哈哈，宝强的耳朵估计被我念叨烫了。

2017 年
10 月 20 日

不过不管怎么样，今天，我们完成了一个粗剪版本，值得庆贺。Maggie 说虽然这个故事已经在她心里滚瓜烂熟毫无新鲜感，但是看完了很是感动。豆包完全被漂亮的风景空镜头吸引住了。总之，感觉还不错，唯一美中不足的是，这个版本有足足四个小时。嗯，我还得剪掉更多的镜头。

2018 年
1 月 5 日

虽然知道电影的后期剪辑是一项庞大的工程，但这战线持久得也确实有点出乎意料。这几个月来，我和剪辑师一点点磨，一点点删，片长依旧那么长。即便现在在保留主线剧情的原则下，删除了大量副线细节，出来的版本仍然有 140 多分钟，太长了。反复剪辑，反复推翻，这后期的剪辑版本都快赶上剧本的版本了。

感觉现在已是删无可删的状态，这可怎么办哪？

但我知道，这个版本是不能够作为最终版本搬上荧幕的，如果说演戏可以用减法，从角色出发，用最简单的方式把人物勾勒清楚，那剪辑也可以用减法，以核心事件为骨架，用最精练的方式向观众讲清整个故事。

再加把油吧，胜利就在前方了！

2018 年
1 月 10 日

今天，声音指导董旭找我认真聊了一番，他说问题很严重，情况也很复杂，因为拍摄带回来的声音素材里，动效、人声、自然音效的量都是巨大的，光演员就有三十个。夹杂着海风、溪流和石子路上的声音，这让很多同期收录的声音素材几乎不能用。董旭说他已经想好了一些办法，会重新设计声音，但时间真的已经是非常着急了，再不定剪的话，声音的工作无法开始。我只能给他一个坚定的微笑，不然呢？抓紧时间是目前唯一的答案，加油！

2018 年
2 月 24 日

剪辑其实就是裁缝。拿回来的素材都是布料，它接起来可能是西装，但换一个方法，可能就是裙子。

剪辑师是一个神奇的人，要有空间想象能力、结构能力、节奏感，化腐朽为神奇还是化神奇为腐朽，都在他的转念之间。但我所见到的剪辑师几乎都是一个样的，我每天见到的都是他们的背影，面前是一台电脑，荧光照射着一张看不出表情的脸，似乎这是一个永恒的画面，只要你在剪辑室，日复一日，周复一周，年复一年。我太佩服能做这个职业的人了。

中国人只有过了阴历年才算是过完年，我又开始想那个永恒的画面了。屠亦然同学、朱利赟同学，来吧，我的两位剪辑师。新年新开始，我们一起看看有什么新的可能性吧。

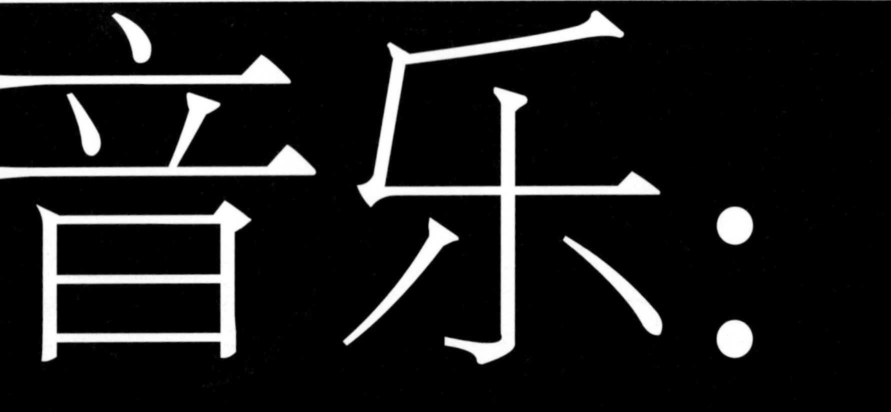
音乐：

最好的舞台

在你逐梦的路上，
如果能有朋友扶持你前进，
那会让你充满力量。

2016 年 10 月 10 日

有一首歌，叫《八〇年代》，希望由我来唱，这歌我觉得不错，听的时候依稀觉得跟我之后电影的某个片段会很契合，也许可以用来做电影的插曲。

但唱歌我实在是没有时间，先放一放吧。

2016 年 11 月 1 日

今天跟五月天合作，拍了一个他们巡回演唱会用的视频物料，在里面演一个长官。小片还挺有意思的。

2016 年 12 月 2 日

音乐可以说是电影不可或缺的一块拼图。一些电影音乐已经成为电影的代名词，前奏一响起，大家就能想到电影的画面。好的电影音乐，就应该是这样的吧，能与画面和故事融为一体，能展现影片的情感和主题，成为电影不可分割的一部分，和画面一起留在观众的脑海里。我希望我的电影音乐也是这样的。

为了电影音乐的事情，已经和好多国际音乐大师联系过了，欧洲的、日本的、韩国的，等等，但沟通的问题实在是太大了。

音乐是一种抽象艺术，很难将它说出个方圆长扁的形状来。它不像剪辑，哪里节奏需要紧凑点儿，把镜头切掉就好。它也不像摄影，有构图有画幅，需要什么样的画面都是直观可视的。而音乐就很难用语言表述清楚，我没法跟作曲家说，这个地方再飞一点，这个地方太平缓了，能不能再有节奏一点。这太笼统，太抽象了。更何况，和外国作曲家还有语言障碍，有时候说半天就像鸡同鸭讲，谁也不理解谁想表达的意思。

愁人。

2016 年

12 月 31 日

中国作曲家也找了一圈，纠结中。

2017 年

6 月 29 日

今天拍摄剧中船外狂欢的戏。用了《八〇年代》做现场音乐，就是之前准备合唱的那首。

之前我就觉得这首歌或许能用在我的电影里，今天果然用上了。

合适，挺好，真棒。

2017 年
12 月 26 日

我又重新捋了一遍故事，末日、荒岛、人性……这一系列的元素如果幻化成音乐，节奏感，压迫感，鼓动，客观，暗示，主题性，还有一点上帝视角的感觉。集合这些因素，我考虑着，是不是可以找个独立音乐人来创作这首片尾曲？

2017 年
12 月 29 日

我脑子里蹦出了一个名字，窦靖童，家学渊源，在音乐上的天赋也高，而且她真的不太一样。

今天把窦靖童请来看片子。她看完之后兴趣很高，我问她感觉怎么样，她依然个性十足，说回去试试吧。这么爽快，不知道她会做出什么样的音乐，我很好奇，也很期待。唯一可以肯定的是，可能想到的我都想到了，但她可能带给我的，是我没想到的，其他的东西。

2018 年

1 月 16 日

距离窦靖童来看片已经有一段日子了，也不知道她进展得怎么样。

今天 Maggie 问我："窦靖童那边有什么消息吗？"我说没有。Maggie 看着我，说："你怎么这么淡定呢，我都快急死了，赶紧去问问吧。"我说急什么，总要给创作者留点空间呀。谁知道一发消息过去询问，她就很快回复说已经做好了 DEMO，这就发给我。Oh my gosh，依然很干脆。

发过来之后，我也听了。跟之前想象的一样，果然很不一样。

音乐很难做出判断，风格跟我想象的大相径庭，但感受出奇地相同。是的，这就是我想要的感觉，果然没找错人。这次的片尾曲整体感觉不错，只是还有些细节处需要修改，我把一些修改意见反馈给窦靖童，她依旧很干脆，说："那我去改改。"这风格，给力。

2018 年

2 月 15 日

这几天忙得气都喘不了一口，但今天一定要记录一个好消息，我们的《八〇年代》上了春晚，重新填了词，叫《最好的舞台》。没想到，电影还没曝光，电影里的插曲先跟大家见了面。

2018 年
4 月 7 日

电影中间的一段美好片段，需要有力的音乐支撑。之前提出了谁合适的问题，没想到大家异口同声，五月天。

早先出演过五月天演唱会的小视频，算是合作过。前两天厚着脸皮张了口，没想到人家一口答应了，今天他们在苏州开演唱会，让工作人员直接拿电影片段过去给他们看。刚刚工作人员给我发消息，说五月天很喜欢。

嗯，很喜欢。

2018 年
4 月 28 日

昨天又听了一遍五月天给的曲子，他们不仅做了插曲，还做了和插曲前后关联的一些音乐片段，可以用在电影里。哇，专业加敬业，所以才是五月天！

心里话，五月天真的很让我感动，这段时间一遍一遍地调整，视频会议也不知道开了多少次，但每一次他们都表示没问题，他们可以随时改，改一万遍。因为最重要的就是音乐，他们爱音乐。

我个人认为，他们这种工作风格，非常适合和处女座合作，哈哈。

音乐之于五月天，就像电影之于我。在你逐梦的路上，如果能有朋友扶持你前进，那会让你充满力量。感谢，我的朋友。

今天五月天专门来北京，又来看了一遍片子。下了飞机，直接叫了个披萨就到公司来了，又是一个不眠夜。

2018 年
5 月 10 日

中间有一段非常美好的爱情音乐，虽然有方向，但一直没想到由谁来唱。同事们说王菲啊。对，空灵、感性的声音，只有她才能唱出这种美好。可是找王菲，应该难度不小。要不然去试试？嗯，是个好想法。

片名：

愿你有一出好戏

我当然不相信随机，我相信思索。

纠结是因为这些名字都不能

概括这个故事表达的根本。

所以呢？所以……

2016 年 6 月 22 日

人总有死穴，哎！碰上了！

今天，我们的电影拿到了摄制电影单片许可证。名字我并不满意，但是立项是需要提前做的，Maggie 说不能再等了，后面还能改，就用《诳想曲》先立了项。对我来说，这是一个充满想象力、充满张力的故事，像狂想曲，也有些荒诞。这个名字表达了一些故事的内容，但不是那么理想。

事实上，从剧本创作至今，曾有无数个名字摆在我的面前，对很多名字也心动过，但始终没有一个冲击我心灵的名字，能够让人直接拍板就是它了。如果再给我一个月的时间立项，我想，我大概还是想不出这个名字。这是处女座的纠结，是我的心病。我曾有过一次被群嘲的经历，就是因为家里的床一直定不下来，硬是睡了半年床垫。那种唯一的东西，如果不是真正心仪的，我真的很难去接纳。

我这辈子起得最快的一个名字大概就是逆光顺影，就是之前公司的名字。

2017 年
2 月 22 日

电影马上就要开机了，然而还没有一个对外统一的名字。我们又不想对外透露太多故事内容，我就提议说，就用“一出戏”做暂代名吧。大家响应说就叫“一出好戏”吧。也是讨个好彩头。

2017 年
6 月 28 日

大家认为“一出好戏”喜剧意味太浓了，怕观众对于喜剧有过度期待。我得发动发动群众力量，于是干脆给公司每个人都分配了任务，每人起十个。期待集体的智慧能想出有意思的名字。

今天开了起名会，大家又一起头脑风暴，起了好多名字，写了整整三黑板。什么哎呦喂、荒岛求生记、人类简史、马进的鱼、桃花源记、意外之外、小概率事件、巨浪岛、大富翁啊大富翁、大富翁、欢迎光临、有点意思、我还有件事没跟你说、末日未来、活久见、漫长的假期、马进的狂想、意外不意外、一样不一样、墨菲事件、有鱼无鱼、隐藏的大陆、燃烧的小岛、一场雨浇湿了……

满满一黑板，还是没能圈定一个名字。

2017 年

8 月 8 日

今天开会，无论如何名字得定了。

为了把名字定下来，公司这帮人也是无所不用其极。不知道是谁弄出个损招，写了很多纸条，在我身边围了一圈，又拿支笔给我，说转到哪个就是哪个。我想着，不如看看老天的想法，就配合转了一圈。但打开一看，我立马就说这个不行，我重转一次。转了再否决，转了再否决，

定名小插曲

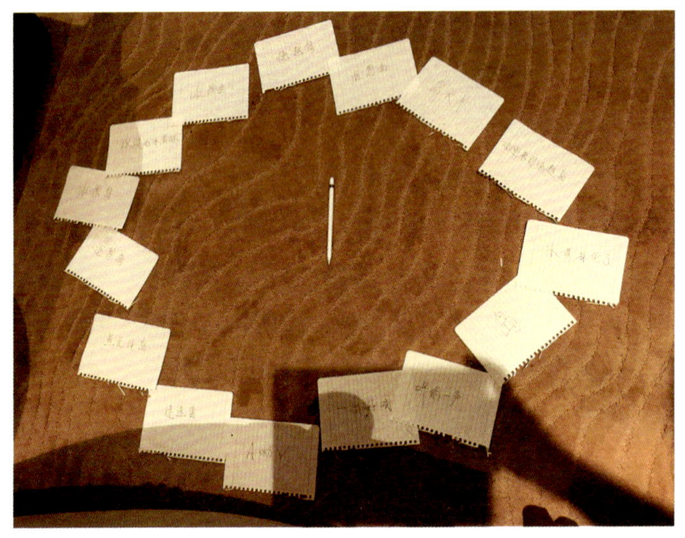

折腾几回，身边纸条都快被转了个遍。他们说我处女座好不了了。我是处女座啊，但我抠了那么多细节，这个这么显眼的地方，我怎么能让它就这么随随便便定下来呢？

我当然不相信随机，我相信思索。纠结是因为这些名字都不能概括这个故事表达的根本。所以呢？所以……

有点焦虑。

2017 年
9 日 4 日

乌托邦、永无岛、理想国，指的都是虚构出来的、世界上没有的地方。

乌托邦通常来说会给人一种理想国的感觉，有点“世外桃源”的意思。坦白讲，我们这个电影里面的故事，还真不一定美好。我们是揭示人性的，从这个角度来讲，“乌托邦”几个字只是在“假”这件事情上跟我们一致。乌托邦追寻的是一个美丽新世界，但我们的小岛上有激烈的人性碰撞，有艰难的困境求生。不理想，可能是一点儿都不理想，是很假想，把能想象的困难都呈现出来了。

越想越对“乌托邦有限公司”这个名字感到纠结，最后这个名字还是被否定了。

2018 年

3 月 29 日

演员的职业很有意思。它让一个人的生命丰富，可以经历很多人没有经历过的事，体验不同的人生。它让人投入，也让人保持距离，更容易看破生命本身的荒诞。一幕一幕，小到微小事件，大到家国人生，都像是一出戏。而我们需要演绎的，则是一出好戏。

马进跟小兴，还有那么多人，经历了一场世界末日，如果外面的船只一直不被发现，他们还以为文明世界已经完全消失，自己在开始新的纪元。可是当他们发现了外部世界，那么岛上的经历，所有的失落、欣喜、秩序、重建算什么？岛上的真实还是真实吗？这时候，有了外部世界的对照，岛上的一切，看起来就像是一出戏。在我们的真实生活中，我们的升职离职、结婚分手、来来往往，哪一个不像一出戏呢？

我想，人生愿景实现，最好的祝愿应该是，愿你有一出好戏吧。

我喜欢《杯酒人生》这样的名字，含蓄隽永，意味悠长。

一出好戏，一出好戏。不如就叫《一出好戏》吧。

2018 年
4 月 19 日

我的电影片名终于定下来了，就它了！！！《一出好戏》！！！

《一出好戏》是开拍前没有定名的情况下，一拍脑袋想的暂代名。

但是！但是！在后来近一年的时间里又想出一千多个名字后……才发现没有比它更合适的了……

蓦然回首，发现那名儿依然在灯火阑珊处向我微笑，轻轻的一个飞吻吹向了我，说道：亲爱的，纠结是病，乖，是病得治……

我跪倒在 TA 的面前，亲吻着 TA 的脚面，TA 轻抚着我的头顶，细声询问：我叫什么！？

我从未感受到如此的力量和温暖，痛哭流涕，一个嘶哑而又洪亮的声音从我的喉咙中喷发而出：《一出好戏》！

定名微博截图

黄渤

4-19 10:02 来自 iPhone客户端

我的电影片名终于定下来了，就它了！！！《一出好戏》！！！

《一出好戏》是开拍前没有定名的情况下，一拍脑袋想的暂代名。

但是！但是！在后来近一年的时间里又想出一千多个名字后……才发现没有比它更合适的了……

蓦然回首，发现那名儿依然在灯火阑珊处向我微笑，轻轻的一个飞吻吹向了我，说道：亲爱的，纠结是病，乖，是病得治……我跪倒在TA的面前，亲吻着TA的脚面，TA轻抚着我的头顶，细声询问：我叫什么！？

我从未感受到如此的力量和温暖，痛哭流涕，一个嘶哑而又洪亮的声音从我的喉咙中喷发而出：

《一出好戏》！

《一出好戏》！！

《一出好戏》！！！

《一出好戏》！！！！

《一出好戏》！！！！！

《一出好戏》！！！！！！

《一出好戏》！！！！！！！

《一出好戏》！！！！！！！！

《一出好戏》！！！！！！！！！

《一出好戏》！！！！！！！！！！

对！8月10日！等你《一出好戏》！

@王宝强 @舒淇 @努力努力再努力x @于和伟 @演员王迅 @演员李勤勤 @演員李又麟

#电影一出好戏##电影一出好戏定档0810#

定名海报

黄渤 导演
THE ISLAND
一出好戏
2018.08.10
全国上映
黄渤 Huang Bo
王宝强 Wang Baoqiang
舒淇 Shu Qi
张艺兴
于和伟
王迅 Wang Xun
李勤勤 Li Qinqin
李又麟 Lee Youlin

第一次发布会：

好像有点意思

如果把一件事情拆分成无数小件，
那么这无数小件的每一个脚趾头，
我都希望它是完美的。

2017 年

10 月 1 日

宣传希望最近安排一个时间跟我讨论宣传方案和发布会形式，我觉得现在就讨论发布会还有点早，毕竟很多剪辑细节都还没定，我需要专注。匆忙做一场普通的发布会引不起大家的好奇，对不起处女座的较真，我希望大家对我的电影给予更多的关注。

我模模糊糊有一个想法，也许可以以静态展的方式来呈现，给我点时间。

2018 年

1 月 2 日

剪辑快告一段落了，终于有时间专门考虑发布会的事情了，但是我不想用传统的发布会模式，那样没什么意思。我想搞点有意思的，新鲜的。

我有一个有点大胆的想法，想去尝试。

我想办一个沉浸式的发布会。虽然拍摄过程备受折磨，但我依然很享受整个导演和创作的过程。我仍然沉浸在这个作品给我带来的幸福中，我希望观众也与我一样，沉浸其中。当山呼海啸、当雨过天晴，那世间少有的景致出现在大家面前，他们应该会有特别的感受吧？当然，我并不知道，对于我来说这个巨大的作品，对于其他人来说是否巨大。也许微乎其微，也许什么都不是？无论结果如何，我想把最好的作品呈现给你。

2018 年
1 月 24 日

今天又一次去看场地，待到了凌晨。

这个场地有很大的可塑性。它的周围和上空共可以布置七面大屏。想象一下，如果海水从四面八方涌来，站在现场的人会是什么样的感受？我想，会更真实，也更容易身临其境。通过视觉的冲击，来把大家拉入故事，嵌入岛内的生存环境里，波涛、丛林、欢声笑语，各种景象声音此消彼长，想想也是很棒的吧。

刚才不知道是谁说我，这样的行为很像孩子，做了一件自己特别喜欢的事，看到有人走过来，就特别激动地迎上去，一股脑地把自己的所有倒出来，把自己的所见所闻、所有的准备全部捧出来，并且对人家说，你看你看，你快看，它真的特别棒！我现在的状态，还真是有点这个意思。

2018 年

1 月 26 日

今天发布会正式对外售票，对外三场一个小时票就售完了，这对我是一个鼓舞，希望这场发布会能够给观众一个惊喜。

我不知道我们是不是有史以来第一个对外售票的电影发布会，一块钱定价初衷也不过是希望给观众建立一种仪式感，为它留出整段的时间，来一次完整的体验。

2018 年

1 月 30 日

今天发布会做了彩排。这段时间为了发布会大家也是拼命工作，因为同时剪七个画面，整体出现，真的特别麻烦，特别辛苦。

我把这场发布会叫“有点意思发布会”，也叫“处女座的处女作”。这个“有点意思”真的是“有点意思”的意思。如今，“有点意思”这个词已经变成很多人的口头禅，但它本身的意思是什么？我用的就是它最初的意思。只有真正的有点意思，那才是“有点意思”。而我是典型处女座这件事，恐怕认识我的人都知道。尽管处女座的行为模式接近“变态”，却更好地支持我来完成这个“处女

发布会前一天彩排

作”。在这件事上，我有一种富养女儿的心态。急不得，也省不得，每一步该做的都要做到位，这是我对自己，也是对团队的要求。终于，大家都被我折磨疯了。我发现自己竟然不能辩驳。

如果把一件事情拆分成无数小件，那么这无数小件的每一个脚趾头，我都希望它是完美的。我承认我是执拗和苛刻的。朋友们，原谅我，辛苦你们了。

2018 年

1 月 31 日

发布会圆满结束。

发布会现场

当然，也有个小插曲，我居然把电影上映时间说成了春节。不得不承认，今天有点紧张。很多人说我谈笑风生、从来都很松弛，我只想说，那可能是假象。可是我也很喜欢这个仍然会紧张的自己。他让我看到我的敬畏。人的一生里，总要有你很看重的东西。

发布会上大家都很给力，舒淇、王宝强、张艺兴、于和伟、王迅、李勤勤、李又麟都到了现场。朋友跟我说，一进现场听到我的录音，他就想到两个字：卖力。这是我没想到的评价，不过我欣然接受。我很开心人们看到我拼命游向自己想要的方向的样子。

如果一切规则和法律都不复存在，钱没用了，电停了，你会选择怎样的生活？爱情还是爱情吗？权力还有用吗？而且，不再约束你的规则，也不再约束别人，你将面临什么样的生存状况？你还是你吗，他还是他吗？这些问题，从我筹备电影开始就一直萦绕在我脑海里。我也试图在电影里找到答案。我找到了吗？我也不知道，也许有，也许没有。

空谷里一个人对着前方呐喊，就会有回声缭绕。这个世界是空谷吗？这个世界不是。这个世界是可以打电话的世界，是你拨通了对方的手机，发出了讯号，对方可以接收的世界。是你通过荧幕发出了讯号，无数人可以看见的世界。

我问出的那些问题，会在这个世界上激起怎样的回应？我很期待。

发布会现场

番外

在这本电影日记即将出版的时候，电影声音、作曲、调色等工作也接近尾声。同时影片也进入了集中宣传和发行阶段。还有诸多工作要面对，也还会有很多同事和朋友们为这部电影继续付出，感谢未来的你们。

电影拍摄虽然结束了，但在这个过程中，还有几件事情，我感触颇深，想和大家分享。

签 证

我们这次因为涉及境外拍摄，拿签证的过程可谓一波三折，拿到签证的那一天，毫不夸张地说，我对着窗外长长地舒了一口气。

近两百号人，要待两个月左右，按照规定，必须得办在留签证，手续极其烦琐，办理周期又长，来来回回不知道跑了多少趟。最终拿到签证，已经比我们预计的晚了整整一个月。

在此之前，美术部门来来回回，在岛上已经筹备了很久了，如果大部队拿不到签证，之前的筹备就都白费了，拍摄计划也会全部被打乱，甚至拍摄都得中止。

万事开头难。

厨 房

我的合作伙伴石头到岛上探班，可是上岛两天居然连人影都没看见。问了才知道，她带着探班的同事们去厨房帮厨了。

屋久岛上没有能够同时满足二百多个人吃饭的餐厅，所以我们请了外面的团队来做剧组的伙食工作。伙食准备工作难度很大。厨师刚开始接手这个工作的时候，直接就傻眼了，虽然知道是要到岛上做饭，厨具什么的可能都比较有限，但是真没想到这么一无所有，干干净净。跑遍了整个岛，找器具和材料，最后租用了岛上一家民宿的餐厅，才算是有个厨房。因为每天都是两百多号人吃饭，如果有夜戏，一天至少要四餐，所以做一顿饭至少需要三个半小时。每天埋头在现场，剧组的伙食一直是大家在紧张拍摄中的安慰。我们都还睡着的时候，厨师们就开工了，每天都是凌晨三四点钟就起床。而且，为了减少白色污染，用的是普通餐具，每天光清洗餐具的工作量就极大。厨师们上岛以来一直连轴转，身体已经到了极限，离开的离开，生病的生病。导致那段期间，只要工作人员一有空，就去帮忙洗碗。

厨师团队都是从东京过来的中国人，说是我的粉丝，这次是特地暂时关了自己的店，来岛上给整个剧组做饭。

感动、感激、感恩。

环 保

屋久岛并不大，作为世界自然遗产，真的有很多是值得我们学习的。

这里还有一个海洋清扫节。即便拍摄任务很重，制片的工作量很大，制片部门在空余时间还是参与了这个清扫活动。回来的时候大家也都感触良多，我觉得海洋清扫节是个好想法，可以学习一下。

在这里除了每天拍戏，让我感受最深的就是屋久岛对于环境的日常保护。我们之前碰到实行垃圾分类的城市，最多也就是分四类，而在屋久岛，垃圾分类是六类。从上岛第一天起，剧组就要求所有人严格遵守这个规定。在一个优美且卫生干净的环境里，人们会愈发珍惜这个地方，愈发爱护环境，反之就会越来越差，这就是“破窗效应”。

住 宿

2016 年 6 月看景的时候，就了解到岛上住宿分散，而且大部分都是民宿，酒店就那么几家，没有单独一家有能力接待我们全部的人员，大家需要分散到好几家住宿。并且岛上 5 月 1 日之后的住宿都已经没了，因为这里是北太平洋地区最大的红海龟产卵地，好多人一年前就预定好了房间，来这里看海龟。当时觉得二月到屋久岛，拍两个月，再怎么样也不会到 5 月 1 日，没事。结果还真是怕什么来什么，3 月 11 日才转场到屋久岛，这样拍摄怎么都得到 5 月 1 日之后了。

制片上岛就开始折腾住宿问题，甚至还想过去紧急避难所、去废弃的体育馆或者住到岛外去，当地著名的导游菊池先生，他在这个岛上生活了二十多年，对岛上每一家酒店、民宿都很清楚，他带着制片挨家去聊，把每家的住宿预定单拿到，做排列组合，最终解决了住宿问题。

住宿表（局部）

	宿割り表		4月							5月																	
2017.04.24 版本			24	25	26	27	28	29	30	1	2	3	4	5	6	7	8	9	10	11	12	13	14	15	16	17	18
6	衣装助手① / 服装大助	男	満	満	満	満	満	満	満	朝2左	朝2左	朝2左	朝2左	朝2左	朝2左	満	満	満	満	満	満	満	満	満	満	満	満
7	メイク / 化妆师	女	満	満	満	満	満	満	満	朝9-2	朝9-2	朝9-2	朝9-2	朝9-2	朝9-2	満	満	満	満	満	満	満	満	満	満	満	満
8	ヘア助手① / 梳妆大助	男	満	満	満	満	満	満	満	胜别	胜别	胜别	胜别	胜别	胜别	満	満	満	満	満	満	満	満	満	満	満	満
9	ヘア助手① / 梳妆大助	男	満	満	満	満	満	満	満	胜别	胜别	胜别	胜别	胜别	胜别	満	満	満	満	満	満	満	満	満	満	満	満
10	メイク助手 / 化妆助理	女	満	満	満	/	/	/	/	/	/	/	/	/	/	/	/	/	/	/	/	/	/	/	/	/	/
11	メイク助手 / 化妆助理	女	満	満	満	満	満	満	満	朝翌	朝翌	朝翌	朝翌	朝翌	朝翌	満	満	満	満	満	満	満	満	満	満	満	満
12	通訳 / 翻译	女	満	満	満	満	満	満	満	朝翌	朝翌	朝翌	朝翌	朝翌	朝翌	満	満	満	満	満	満	満	満	満	満	満	満
空																											
13	メイク車ドライバー / 化妆车司机	男	満	満	満	満	満	満	満	満	満	満	満	満	満	満	満	満	満	満	満	満	満	満	満	満	満
14	メイク車ドライバー / 化妆车司机	男	満	満	満	満	満	満	満	満	満	満	満	満	満	満	満	満	満	満	満	満	満	満	満	満	満
15	衣装助手② / 服装二助	男	満	満	満	満	満	満	満	満	満	満	満	満	満	満	満	満	満	満	満	満	満	満	満	満	満
16	衣装 / 服装小助	男	満	満	満	満	満	満	満	満	満	満	満	満	満	満	満	満	満	満	満	満	満	満	満	満	満
17	メイク助手 / 化妆助理	男	満	満	満	満	満	満	満	満	満	満	満	満	満	満	満	満	満	満	満	満	満	満	満	満	満
18	メイク助手 / 化妆助理	男	満	満	満	満	満	満	満	満	満	満	満	満	満	満	満	満	満	満	満	満	満	満	満	満	満
	三好屋(10)		24	25	26	27	28	29	30	1	2	3	4	5	6	7	8	9	10	11	12	13	14	15	16	17	18
1	衣装 / 服装组长	女	三	三	三	三	三	三	三	朝B	朝B	朝B	朝B	朝B	朝B	亮1-1	亮1-1	亮1-1	亮1-1	亮1-1	亮1-1	亮1-1	亮1-1	亮1-1	亮1-1	亮1-1	亮1-1
2	メイクアップ / 化妆组长	女	三	三	三	三	三	三	三	朝B	朝B	朝B	朝B	朝B	朝B	亮1-2	亮1-2	亮1-2	亮1-2	亮1-2	亮1-2	亮1-2	亮1-2	亮1-2	亮1-2	亮1-2	亮1-2
3	ヘアスタイリスト / 梳妆组长	男	三	三	三	三	三	三	三	朝D	朝D	朝D	朝D	朝D	朝D	亮1-3	亮1-3	亮1-3	亮1-3	亮1-3	亮1-3	亮1-3	亮1-3	亮1-3	亮1-3	亮1-3	亮1-3
4	メイク / 化妆师	女	三	三	三	三	三	三	三	朝9-1	朝9-1	朝9-1	朝9-1	朝9-1	朝9-1	亮1洋	亮1洋	亮1洋	亮1洋	亮1洋	亮1洋	亮1洋	亮1洋	亮1洋	亮1洋	亮1洋	亮1洋
5	メイク / 化妆师	女	三	三	三	三	三	三	三	朝9-1	朝9-1	朝9-1	朝9-1	朝9-1	朝9-1	亮1洋	亮1洋	亮1洋	亮1洋	亮1洋	亮1洋	亮1洋	亮1洋	亮1洋	亮1洋	亮1洋	亮1洋
6	ヘア助手② / 梳妆二助	男	三	三	三	三	三	三	三	胜别	胜别	胜别	胜别	胜别	胜别	亮2-1	亮2-1	亮2-1	亮2-1	亮2-1	亮2-1	亮2-1	亮2-1	亮2-1	亮2-1	亮2-1	亮2-1
7	ヘア助手② / 梳妆二助	男	三	三	三	三	三	三	三	胜别	胜别	胜别	胜别	胜别	胜别	亮2-1	亮2-1	亮2-1	亮2-1	亮2-1	亮2-1	亮2-1	亮2-1	亮2-1	亮2-1	亮2-1	亮2-1
空																											
8	衣装 / 服装大助	男	三	三	三	三	三	三	三	朝2右	朝2右	朝2右	朝2右	朝2右	朝2右	亮2-2	亮2-2	亮2-2	亮2-2	亮2-2	亮2-2	亮2-2	亮2-2	亮2-2	亮2-2	亮2-2	亮2-2
9	衣装助手② / 服装二助	男	三	三	三	三	三	三	三	朝2右	朝2右	朝2右	朝2右	朝2右	朝2右	亮2-2	亮2-2	亮2-2	亮2-2	亮2-2	亮2-2	亮2-2	亮2-2	亮2-2	亮2-2	亮2-2	亮2-2
10	衣装助手① / 服装大助	女	三	三	三	三	三	三	三	朝9-2	朝9-2	朝9-2	朝9-2	朝9-2	朝9-2	亮2-3	亮2-3	亮2-3	亮2-3	亮2-3	亮2-3	亮2-3	亮2-3	亮2-3	亮2-3	亮2-3	亮2-3
	フレンド / friend(7)		24	25	26	27	28	29	30	1	2	3	4	5	6	7	8	9	10	11	12	13	14	15	16	17	18
1	俳優部担当 / 选角副导演	男	friend	friend	friend	friend	friend	SSH14	SSH14	SSH14	SSH14	SSH14	SSH14	SSH14	SSH14	friend	friend	friend	friend	friend	friend	friend	friend	friend	friend	friend	friend
空																											
2	通訳 / 翻译	女	friend	friend	friend	friend	friend	満	満	朝翌	朝翌	朝翌	朝翌	朝翌	朝翌	friend	friend	friend	friend	friend	friend	friend	friend	friend	friend	friend	friend
3	メイク車ドライバー / 化妆车司机	男	friend	friend	friend	friend	friend	Ac	Ac	Ac	Ac	Ac	Ac	Ac	Ac	friend	friend	friend	friend	friend	friend	friend	friend	friend	friend	friend	friend
4	衣装車ドライバー / 服装车司机	男	friend	friend	friend	friend	friend	Ac	Ac	Ac	Ac	Ac	Ac	Ac	Ac	friend	friend	friend	friend	friend	friend	friend	friend	friend	friend	friend	friend
5	スタンドイン / 替身演员	男	friend	friend	friend	friend	friend	SSH14	SSH14	SSH14	SSH14	SSH14	SSH14	SSH14	SSH14	friend	friend	friend	friend	friend	friend	friend	friend	friend	friend	friend	friend

这次搬家后，我们在岛上的住宿酒店加民宿达到了二十家左右。这一数字应该能计入制片工作史了吧。

基础建设

世上本没有路，走的人多了，便成了路。

我们这次拍摄的很多地方几乎都是没有路的，需要我们自己去铺路。要满足摄影器材的运输、场景的搭建、演员和车辆的通行，铺路工程比想象的更艰难。

对于铺路拍摄这个事情，我一直都觉着那是好莱坞制作的常态，从来也没有想过，我的拍摄工作竟然也是从铺路开始的。浅滩上的栈桥、从山坡下到海边的近乎垂直的栈道、崖壁上巨石与巨石之间的通道、穿越瀑布的吊桥等，每到一个新的场景，这些人工搭起的基建工程都让我感动。这些地方，只是徒手攀爬就已经很危险了，也不具备基本的施工条件，还要带着材料和工具架设施工，我是给自己、也给大家出了个大难题。但基建组从没说过一次不行，也从来没听他们抱怨过什么，见到他们的时候，总是能感受到他们昂扬的情绪。

一个剧组，它的规模堪比一个中小型企业，两三百人汇聚了各个方面的专业人才，大家分工明确，多方配合协调，才能统一作战。一部戏要成功，需要太多人共同付出努力。太多的心力投入。一点一滴，汇聚在一起，才能出来一出好戏。

后记

这本日记的文字，有些是随手记下，

有些是根据侧拍视频再度整理。

自己回头再看的时候，也会觉得有些新奇。

电影和生活一样，一天天过去，

有一些记住了，有一些忘记了。

一些精彩在电影之外，

希望能用文字把当时的心情和瞬间记录下来。

简单真实的记录，也没有过多的修饰和文采，

难免会有不周全的地方，还请大家包涵。

这次搬家后，我们在岛上的住宿酒店加民宿达到了二十家左右。这一数字应该能计入制片工作史了吧。

基础建设

世上本没有路，走的人多了，便成了路。

我们这次拍摄的很多地方几乎都是没有路的，需要我们自己去铺路。要满足摄影器材的运输、场景的搭建、演员和车辆的通行，铺路工程比想象的更艰难。

对于铺路拍摄这个事情，我一直都觉着那是好莱坞制作的常态，从来也没有想过，我的拍摄工作竟然也是从铺路开始的。浅滩上的栈桥、从山坡下到海边的近乎垂直的栈道、崖壁上巨石与巨石之间的通道、穿越瀑布的吊桥等，每到一个新的场景，这些人工搭起的基建工程都让我感动。这些地方，只是徒手攀爬就已经很危险了，也不具备基本的施工条件，还要带着材料和工具架设施工，我是给自己、也给大家出了个大难题。但基建组从没说过一次不行，也从来没听他们抱怨过什么，见到他们的时候，总是能感受到他们昂扬的情绪。

一个剧组，它的规模堪比一个中小型企业，两三百人汇聚了各个方面的专业人才，大家分工明确，多方配合协调，才能统一作战。一部戏要成功，需要太多人共同付出努力。太多的心力投入。一点一滴，汇聚在一起，才能出来一出好戏。

后记

这本日记的文字，有些是随手记下，

有些是根据侧拍视频再度整理。

自己回头再看的时候，也会觉得有些新奇。

电影和生活一样，一天天过去，

有一些记住了，有一些忘记了。

一些精彩在电影之外，

希望能用文字把当时的心情和瞬间记录下来。

简单真实的记录，也没有过多的修饰和文采，

难免会有不周全的地方，还请大家包涵。

图书在版编目（CIP）数据

有点意思：我的电影日记 / 黄渤著．—上海：上海社会科学院出版社，2018
ISBN 978-7-5520-2363-3

Ⅰ．①有…　Ⅱ．①黄…　Ⅲ．①黄渤—日记　Ⅳ．①K825.78

中国版本图书馆 CIP 数据核字（2018）第 133172 号

有点意思：我的电影日记

著　　者：黄　渤
责任编辑：唐云松　王　勤
装帧设计：人马艺术设计·储平
出版发行：上海社会科学院出版社
上海顺昌路 622 号　邮编：200025
电话总机 021-63315900　销售热线 021-53063735
http://www.sassp.org.cn　E-mail: sassp@sass.org.cn
印　　刷：上海盛通时代印刷有限公司
开　　本：889×1194 毫米　1/32
印　　张：8
字　　数：147 千字
版　　次：2018 年 8 月第 1 版　2018 年 8 月第 1 次印刷

ISBN 978-7-5520-2363-3/K·451　　定价：59.80 元